nF418465

EGO SUM PINOCHET
Confidencias para la historia

Raquel Correa – Elizabeth Subercaseaux

EGO SUM PINOCHET

Confidencias para la historia

Catalonia

Correa, Raquel – Subercaseaux, Elizabeth
EGO SUM PINOCHET
Confidencias para la historia

Santiago, Chile: Catalonia, 2023
128 p.; 15 x 23 cm
ISBN: 978-956-415-049-9

Periodismo
070

Diseño de portada: Mateo Infante Vergara
Fotografías de interior: archivo personal de las autoras y Wikimedia Commons
Corrección de textos: equipo Catalonia
Diagramación interior: Salgó Ltda.
Impresión: Salesianos Impresores S.A.
Dirección editorial: Arturo Infante Reñasco

Primera edición Catalonia: agosto, 2023

ISBN: 978-956-415-049-9
RPI: 74.199 (1989)

Índice

PRÓLOGO

Cuando Raquel Correa y yo supimos que el general Pinochet había aceptado recibirnos en la Moneda, para hablar de la posibilidad de entrevistarlo para un libro, nos pusimos nerviosas. Hacía un tiempo que habíamos descartado esa posibilidad. Habían pasado más de diez años desde que comenzáramos a mandarle recados a La Moneda pidiéndole que nos recibiera para hablar de nuestro proyecto, y cada vez que Raquel lo entrevistaba, ya fuera para *La Tercera*, *El Mercurio* o la revista *Cosas*, volvía a insistir y la respuesta era siempre negativa.

Si ahora nos daba el pase debía ser porque el general estaba en un momento muy distinto, había perdido el plebiscito de 1988, vale decir, el poder total. Quien aceptaba hablar con nosotras ya no sería el dictador con todo el poder en su mano sino un gobernante derrotado por una elección, que debía dejar su puesto en La Moneda, cruzar la calle para instalarse en su nueva oficina de comandante en Jefe del Ejército y quedar supeditado a un gobierno democrático. No era el mejor panorama para un dictador.

La cosa es que nos citó un día miércoles a las siete de la tarde.

Uno de sus edecanes nos condujo a un salón donde nos pidió que esperáramos un rato. El general nos atendería dentro de poco.

Al rato se abrió otra puerta por la cual entró el general Pinochet. Se dirigió hacia donde estábamos y nos dio la mano con una sonrisa.

—Usted es la demócratacristiana y usted la comunista —dijo señalando primero a Raquel, luego a mí.

—Buenas tarde, general —respondimos al unísono.

Enseguida se puso serio y nos preguntó qué clase de libro queríamos hacer. Se lo explicamos en pocas palabras. Necesitaríamos varias entrevistas con él, le preguntaríamos por su vida, toda su vida desde la infancia, y desde luego por su gobierno. Debían ser entrevistas grabadas, le dijimos y luego pusimos como condición que estuviéramos solos, él, Raquel y yo, sin edecanes ni ayudantes. Una vez que se terminara el libro, antes de su publicación, él podría revisarlo pero tendría que hacerlo delante de nosotras.

—¿Y eso? —quiso saber el general.

—Lo que no queremos es que se lleve el manuscrito a su casa y su esposa meta sus manos en nuestro trabajo.

No recuerdo si sonrió o permaneció serio. Lo cierto es que aceptó. Comenzaríamos a grabar durante el mes de julio (1989) y su edecán nos daría las fechas y las horas.

Salimos de La Moneda y nos fuimos con Raquel a un boliche cercano donde pedimos un pisco sour para calmar los nervios.

Estuvimos largo rato hablando de la manera como enfrentaríamos a Pinochet. Qué era lo más importante de obtener con este libro; si lo centraríamos solamente en su gobierno; si el foco principal serían los atropellos a los derechos humanos.

Nosotras sabíamos muy poco de la persona de este dictador que había gobernado con mano de fierro, durante 17 años, aseverando que en Chile no se movía una hoja sin que él lo supiera. Sabíamos de su poder total y su dureza; gracias a investigaciones e informes de la Vicaría de la Solidaridad, gracias a trabajos periodísticos de Patricia Verdugo y otros colegas teníamos mucha información acerca de los crímenes de la DINA, la DICOMCAR, los centros de torturas, los asesinatos cometidos en el extranjero al general Carlos Prats y su esposa Sofía Cuthbert, a Orlando Letelier y su secretaria Ronnie Moffit, los atentados a Bernardo Leighton y su esposa Anita Fresno; sabíamos que existían más de tres mil detenidos desaparecidos, había testimonios de mujeres violadas, otras torturadas. Habíamos reporteado esos días horribles en que asesinaron al periodista Pepe Carrasco y degollaron a los profesionales José Manuel Parada, Manuel Guerrero y Santiago Nattino. Y por supuesto íbamos a confrontarlo con los datos correspondientes. Pero había algo que ignorábamos casi por completo. ¿Quién era Pinochet? ¿Cuál era su historia familiar? ¿Cómo se había formado? ¿Cómo era este militar quien fuera el último en adherir a la conjura del golpe de Estado en 1973? ¿Qué carácter tenía este hombre en quien Salvador Allende confiaba y por eso lo designó comandante en Jefe del Ejército, el 23 de agosto de 1973, dieciocho días antes del golpe? Había interrogantes sobre su personalidad.

Cuando llegó el día de la primera entrevista, muy temprano en la mañana, sonó el teléfono en la casa de Raquel. Raquel levantó el fono y se encontró con la voz ronca, arrastrada e inconfundible del general Pinochet.

—Raquel, le habla el presidente Pinochet —dijo el general.

Raquel pensó que iba a cancelar la entrevista. Pero, no.

—Vístase de negro —dijo el general a continuación y Raquel creyó que había entendido mal.

—¿Qué me dice?

—Que se vista de negro para la entrevista —dijo él.

Raquel lo había entrevistado algunas veces en el curso de su gobierno, se puede decir que lo conocía, pero esta llamada la dejó perpleja. ¿Qué querría decir con eso de vístase de negro? ¿Era una especie de broma?

Nunca lo supimos porque una vez que llegamos a La Moneda, Raquel no se lo mencionó y no se vistió de negro.

Él tampoco hizo alusión al tema. Como si nunca la hubiera llamado, lo cual no hizo más que aumentar nuestra curiosidad.

El libro que el lector tiene en sus manos responde muchas preguntas sobre su personalidad. Lo paseamos por los temas que marcaron la dictadura que él llamaba "dictablanda" y en el curso de estas entrevistas nos encontramos frente a un hombre complejo, capaz de pasar, en fracción de segundos, de una caballerosa simpatía a la crueldad. Un hombre a quien, *off the record*, se le habían saltado las lágrimas cuando le recordamos su historia de amor con una ecuatoriana, pero demostraba un desprecio absoluto por los derechos humanos. Combinaba chanzas, dichos chilenos antiguos y palabras encantadoras con una crueldad infinita para referirse a quienes consideraba sus enemigos de guerra. Sus argumentos para defenderse de las acusaciones sobre atropellos a los derechos humanos, terminaban siempre en esa palabra: "guerra". A su juicio el país estuvo diecisiete años en "guerra" contra el marxismo leninismo y los terroristas.

Nos habló de su infancia, su madre, su abuela, sus terrores de niño, los comienzos de su carrera militar. Le preguntamos sobre hitos relevantes del siglo XX, como fue la Segunda Guerra Mundial y Hitler, la Unión Soviética y la Perestroika, Cuba y Fidel Castro a quien para sorpresa nuestra alabó más que criticó. Le pusimos el tema de la Iglesia Católica y el Concilio Vaticano II. Le pedimos que se refiriera al presidente Salvador Allende, al expresidente Eduardo Frei Montalva. Y desde luego lo confrontamos con los múltiples casos de atropellos a los derechos humanos, que no cejaron en ningún momento de los diecisiete años que duró su gobierno.

Frente a los derechos humanos nos encontramos con un muro de silencio y la más rotunda negación. Él no tuvo nada que ver con ese problema, decía. Él nunca supo lo que estaba pasando. Cada acusación era falsa, orquestación del Partido

Comunista, patrañas de los marxistas leninistas, inventos de sus enemigos. Cuando le preguntamos por el asesinato de Orlando Letelier en Washington, le echó la culpa a la CIA. "¿Ha leído algo de la CIA? ¿No se ha fijado cómo montan las operaciones? Yo tengo la convicción de que el asesinato de Orlando Letelier no está en la mano nuestra". Luego explicó que los norteamericanos consideraban a Orlando Letelier un espía de la CIA. Por eso lo mataron y le echaron la culpa a su gobierno. (Ahora me pregunto qué diría Pinochet frente a esta carta, escrita por el secretario de Estado George P. Schultz al presidente Ronald Reagan, en la cual se manifiesta sorprendido por un informe de la CIA donde se concluye que hay evidencia de que Pinochet ordenó, personalmente, a Manuel Contreras llevar a cabo el asesinato, y luego determinó que, para hacer desaparecer las pruebas del mismo, había que considerar el asesinato del propio Contreras, su jefe de Inteligencia.)

De a poco fue perfilándose ante nuestros ojos el verdadero Augusto Pinochet Ugarte y al final de nuestras entrevistas, Raquel y yo quedamos con la sensación de que habíamos logrado mucho, pero no lo que pretendíamos, tal vez ingenuamente: que el general Pinochet hiciera un reconocimiento, aunque fuera débil, de que su gobierno había atropellado los derechos humanos, que mostrara algo de compasión por los familiares de los detenidos desparecidos, por la gente que había sufrido en el exilio, en las cárceles de tortura, un mínimo respeto por los muertos.

Yo no había abierto este libro desde el día en que lo entregamos a la editorial Zig-Zag para su publicación, hace treinta y cuatro años.

Hoy he vuelto a leerlo por primera vez.

Tú ya no estás, Raquel, amiga de mi alma, pero si vivieras, estoy cierta de que concordarías conmigo. Leyendo este libro desde la perspectiva de la historia, con los datos con que ahora contamos, puedo asegurar que *Ego Sum Pinochet* es un documento histórico revelador, que descubre la personalidad de Pinochet, sus carencias, su manera de hablar, sus miedos, la complejidad de su carácter, cómo se defendía de las acusaciones y finalmente, qué clase de persona fue el dictador chileno.

Elizabeth Subercaseaux
Julio, 2023

"Usted es la comunista y usted democratacristiana.
¡A ver, señoras, cuál de las dos salta primero?", dice el general.

Era el miércoles 12 de julio de 1989.

A las ocho y media en punto se abrieron las dos puertas del Salón Rojo y ahí, en medio de aquel espacio, se encontraba –de pie– el general Augusto Pinochet Ugarte.

Traje azul, camisa celeste, una perla en la corbata. Los ojos cristalinos un poco enrojecidos, venillas en la cara, el bigote gris y la cabeza cubierta de canas bien peinadas.

Durante un segundo permaneció estático, observándonos sin hablar, con la mirada serena y una sonrisa apenas dibujada entre los labios.

De pronto fue como si una parte de la Historia se hubiese convertido en foto. Y costaba creer que ese caballero elegantemente vestido y de rostro tan amable, fuera él, uno de los gobernantes más controvertidos de este siglo. Bajo el rotundo silencio del salón palaciego, aislado de los ruidos, penurias y murmullos de la calle, desaparecía casi por completo la realidad de su gobierno.

Pinochet avanzó hacia nosotras, vinieron los saludos de rigor y luego nos señaló la mesa donde empezaríamos a trabajar.

Había comenzado la primera entrevista.

Fueron cinco sesiones de tres horas cada una, en La Moneda, a puertas cerradas, en una sala muy amplia iluminada por lámparas de lágrimas enormes, con tres ventanales que se adivinan tras los gruesos cortinajes. Sin edecanes ni asesores. Sin más testigos que nuestras grabadoras y los oídos y los ojos de los tres.

Siempre llegamos diez minutos antes de lo acordado. Y a la hora en punto, se abrían las dos puertas y él aparecía. Se sentaba en una silla de la cabecera estirándose con fuerza la chaqueta, después subía las manos anchas y nervudas y las dejaba tranquilas sobre la mesa. Recto el cuerpo, recta la cabeza, penetrante la mirada. "Estoy listo para comenzar", parecía decir, pero no decía nada. Se quedaba quieto esperando las preguntas. Y alerta como un zorzal.

El trabajo se interrumpía cuando él tocaba un timbre escondido en algún lugar bajo la alfombra. Lo apretaba con la punta del zapato, parece, y antes de un segundo aparecía el Jefe de la Casa Militar.

"Ordene, mi general". "Tráigame la agenda; mire a qué hora es la reunión con los ministros; anote que el lunes, a las tres, van a volver estas señoras...", mandaba el general. Y el Coronel se cuadraba, mirando al frente. "¡A su orden, mi general!" Y desaparecía con la misma rapidez con que había llegado.

Edecanes, secretarios, guardias de seguridad y jefes militares recorren los pasillos tocando apenas esos pisos alfombrados

Unos de civil, perfectamente bien vestidos, otros con los uniformes impecables, corto el pelo todos, moviéndose sigilosos, diligentes y con cara de eficiencia. Más seriedad no se ha visto nunca, ni más orden. Van atravesando salones con la cabeza en alto y el ceño bien fruncido, como si llevaran el destino de Chile en los bolsillos. Y cuando aparece Pinochet, quedan detenidos como estatuas, con la mano en la visera y los tacones apretados. Ahí cae un silencio de segundos, pero hondo. Pinochet hace un gesto imperceptible y ellos continúan su camino.

Tiene un fuerte don de mando. Eso se respira en cada rincón de este Palacio. Y también se advierte el respeto que inspira entre su gente.

Desde las paredes, encerrados en los marcos de madera tallada y láminas de oro, los generales y presidentes de la

Historia observan en silencio. Andrés Bello también mira, pero nunca dice nada. Y más allá Diego Portales, blanco el rostro afinado, quieta la mirada para siempre, sabe Dios qué pensamientos anidará en su alma del siglo pasado.

Ellos, los inmortalizados y conspicuos habitantes del Palacio, testigos mudos de este tiempo, conviven —entre lamparones antiguos, muebles coloniales y jarrones enflorados— con el general Augusto Pinochet.

En cinco oportunidades lo acompañamos a la mesa. Desayuno, almuerzo, once. Una comida para él, otra distinta para nosotras. Come cosas de hospital: galletas de agua, papas cocidas, carnes a la plancha, fondos de alcachofas, yogur, fruta fresca... Come poco y picoteando el plato con desgano, pero, cuando llega el pedazo a la boca, lo mastica rápido y seguro. No toma alcohol. Ni una sola gota. Se cuida el general. Nada de café. Sacarina en vez de azúcar. Bebe jugo de piña y de naranja, pero sobre todo agua de hierbas "para el vigor".

A partir del primer instante fue perfilándose este personaje: odiado, temido y amado también por mucha gente.

No es político, mucho menos intelectual. Es soldado, el general chileno, a pesar de la perla en la corbata y de su enorme anillo de oro con rubí. Soldado neto, experto en "la estrategia", conocedor de "la ciencia de la guerra" y de todos los matices que organizan el alma de la tropa.

Extraordinariamente simpático, puede ser hasta envolvente con su ingenio. Y con esas bromas de medio lado que lanza de repente. Tiene sentido del humor y anda como a la caza de reacciones, echando pullas, a ver qué pasa, karateca del lenguaje. "Usted es la comunista y usted democratacristiana. ¡A ver, señoras, cuál de las dos salta primero?", pregunta con malicia y después dice: "No, si era sólo una broma". Y luego cuenta un chiste.

Pero aquí no termina el cuento, porque justo al lado de ese encanto y en el momento menos pensado, salta el otro: duro, autoritario y con una capacidad de ironía sorprendente.

Es polifacético.

De pronto dice cosas de caballero antiguo. "Déjenme ayudarlas porque quien no tiene un amigo que le ayude a ponerse el abrigo, no tiene amigos ni tiene abrigo". Así de galante.

Otras veces se le asoma un niño. "¿Les cuento algo?", pregunta con la cara iluminada y enseguida cuenta una "diablura" que hizo a los seis años. Luego recuerda a su niñera, "la María", que se fue para casarse, pero siguió visitándolos una vez al mes. "Y le llevaba huevitos a mi mamá o un pollito. Puro cariño y nada más". Entonces parece un viejo campesino todo lleno de ternura. Pero de repente se transforma y aparece el otro Pinochet. El general endurecido que golpea la mesa con las manos empuñadas, diciendo exactamente lo que piensa, sin recovecos ni discursos aprendidos y sin importarle nada lo que opinen los demás. Le cambia el tono de la voz y hasta el color de sus ojos cambia. De abuelo dulce con la mirada azulina y transparente, pasa a ser el militar que ha gobernado Chile durante dieciséis años sin contrapeso alguno. Y, pese a todo, obtuvo el 43 por ciento de los votos en el Plebiscito que marcó el final de su poder.

Pinochet molesto, es como para salir arrancando. Los ojos se le ponen verde amarillentos, los dientes apretados, rígido el cuello grueso, un gesto de desprecio si está hablando de "enemigos", una sonrisa irónica cuando imita a "los señores políticos", y una mirada fría y penetrante cuando afirma categórico: "¡Yo no soy un dictador y mi gobierno no ha atropellado los Derechos Humanos! ¡Todo lo contrario!" Ahí llega a dar miedo y él mismo se da cuenta. Entonces, como que se disculpa: "No soy tan hosco como parezco", y sigue tan furioso como antes.

En el curso de estas entrevistas se paseó como Pedro por su casa entre enojos, buen humor y golpes en la mesa. Pero en ningún momento rechazó pregunta alguna, aunque a veces se las arregló para contestar... sin contestar.

LOS PRIMEROS PASOS

Nació en Valparaíso en 1915. "No conocí la casa donde nací, pues se demolió, pero viví como seis años en una casa que arrendaba mi padre, frente a la Plaza O'Higgins. Después se demolió también: estaba en el terreno donde se está levantando el Congreso. Recuerdo muy bien esa casa, porque allí me pasaron cosas muy curiosas. ¿Les cuento?"

—*Cuente.*

—La primera: cuando yo tenía tres años, mi abuela quiso que aprendiera a leer. Me llevó donde una señora que enseñaba las primeras letras, de esas que ahora llaman parvularias. Pero a mí me habían contado un cuento de que en un bosque vivía un lobo que se vestía de abuelita y se comía a los niños. Así que cuando llegué a la casa de la profesora y fui subiendo la escalera aterrorizado, me encontré con que allí estaba la señora en cama. Enseñaba recostada. Me produjo un espanto terrible. Debo haber pensado que era el lobo vestido de abuelita y me quedé paralogizado. La miré y guardé silencio. Pero no quise entrar a la pieza y salí despacito y volví a mi casa, que estaba a dos cuadras... No sé cómo no me atropellaron. Debe ser porque no había tantos vehículos esos años... Esa fue una cosa que me pasó y que jamás he olvidado a pesar de los años transcurridos.

»Otra: Un día me atropelló un coche. Andaba con la niñera, la María. Con ella fuimos a la plaza como siempre y, de repente, me solté de su mano y corrí a la casa; pero cuando iba atravesando la calle... Miren: aquí estaba la plaza y acá en esta esquina estaba la casa —explica mientras hace unos dibujos con el dedo en la cubierta de la mesa—, pero al cruzar me arrolló un coche. Me pasó una rueda por el muslo izquierdo. Rápidamente me llevaron al hospital de San Agustín, como se llamaba en esos años y que después se llamó Deformes. Y bueno, me miraron los médicos y opinaron que no había pasado nada. Pero como a los ocho meses me comenzó una inflamación en la rodilla izquierda. Sin embargo, ya nadie se acordaba del accidente. Mi madre me llevó al hospital Alemán en el Cerro Alegre, y los médicos diagnosticaron que tenía "tumor blanco", o sea, tuberculosis en esa rodilla. Dijeron que tenían que amputarme la pierna sobre la rodilla; es decir, casi la pierna entera. Y agregaron que si no se hacía eso y no la cortaban en esa forma, la infección entraría en mis huesos y se convertiría en tuberculosis generalizada.

—*¿Usted se enteró de que le amputarían una pierna?*
—¡Claro! Si estuve toda la noche en el hospital. Y no faltó quien me lo dijera.

—*¿Qué sintió cuando le dijeron eso?*
—Bueno, primero una cierta preocupación, por quedar inválido. Y mucha pena.

—*Le dio miedo, ¿o no?*
—Creo que a cualquier persona que le digan que van a amputarle la pierna, no puede quedarse tranquila; pero lo que son las cosas: mi madre le hizo una manda a la Virgen del Perpetuo Socorro, de quien era muy devota. Ella lo pidió con mucha fe y el milagro se produjo, pues tocó la casualidad de que llegó a Valparaíso un médico alemán que era un especialista

que viajaba desde Buenos Aires, atravesando el territorio argentino, y llegaba hasta el puerto por el trasandino de Los Andes. En esos días atendía en Santiago y en Valparaíso. Era un especialista que había sido famoso en la Primera Guerra Mundial. Ese fue el médico que me salvó. Recuerdo que observaba a los médicos que me atendían y al conocer el diagnóstico de ellos exclamaba: "¡Pero si lo que tiene este niño es una hidroartrosis y lo que necesita es calor; debe poner la pierna al sol! y con ello sanará". ¡Ustedes están locos, están locos!, gritaba a los otros médicos... Me llevaron entonces al campo que tenía la familia cerca de San Felipe y allí me pusieron durante varios días, dos horas diarias, la pierna al sol. A los tres meses estaba sano y salvo.

Pinochet permanece en silencio. Algo pasa por su mente en ese instante.

—*¿En qué piensa?*
—También me acordaba de una anécdota con los bomberos. Es un hecho que me pasó por intruso. ¿Les cuento? Mi padre era bombero de la Compañía de Escalas de Valparaíso y sus compañeros de la bomba iban a hacer ejercicios lanzándose al vacío desde los balcones de nuestra casa, para caer a una red. Yo, cabro chico de unos cuatro años, fregué al jefe de ellos hasta el cansancio: "Quiero tirarme, quiero tirarme, quiero tirarme", les decía a cada instante hasta que ellos primero me dijeron no, y que dejara de andar molestando. Pero tanto insistí que al final me dijeron: "¡Bueno! ¡Tírate de una vez!" Y me tiré, pues. Caí justo en la red. No era fácil, pero caí bien… Fue tan grande y duro el golpe que nunca más insistí en lanzarme.

UNA MUJER MUY ESPECIAL

Avelina Ugarte. Así se llamaba su madre. Ella tenía un padrastro francés. Era profesor de botánica. Especialista en flores. Cuando llegó el año 1915 se fue a luchar por Francia en la Primera Guerra Mundial, dejó en nuestra casa sus libros en unas cajas. Un día nosotros con mi hermano Gerardo decidimos abrir esas cajas y nos encontramos con unos libros maravillosos sobre flores, sobre árboles y otras figuras. Eran unas láminas así de grandes. Guardamos esos libros hasta los diez años, pero como a los once cortamos por negociarlos y los vendimos a un precio vil, a un señor que se llamaba Arturo Vives y que compraba libros viejos. Esas son cosas que se quedan grabadas en la mente.

—¿Cómo recuerda su casa de esos años?

—Perfectamente. La tengo aquí en mi mente —advierte y se toca la frente—. Al abrir la puerta subíamos la escalera y al llegar al segundo piso, a mano derecha, había una puerta de dos hojas como mamparas. Por ahí entrábamos e ingresábamos a un corredor. Al frente quedaba el salón. A mano izquierda, el comedor y una especie de saloncito. Después venía la cocina, la despensa y las piezas de servicio. Acá estaba la pieza con mi hermano Gerardo. Con él dormía yo. Éramos los dos mayores. Dormíamos junto a la pieza de los papás. Posteriormente nos sacaron de ahí y nos llevaron a otro dormitorio. Fue cuando nació una de mis hermanas. En el salón había un piano que solía tocar mi madre. Ella había sido concertista y tocaba bastante bien.

—¿Recuerda la música que tocaba su madre?

—Varias piezas de música. Me recuerdo una que era muy simpática —dice y sonríe con ganas—. A mi mamá le encantaban los militares; era miliquera por construcción. Y solía tocar una canción que decía así: "El militar sabe apreciar a la mujer que siempre adora y el amor así atesora". Ella cantaba y nosotros la escuchábamos.

Cuando evoca a su madre baja la voz y habla como si estuviera soñando:

—Siempre a la mamá la tratábamos de usted y con mucho cariño, porque mi madre era muy especial. Era querendona y muy de una línea. Típico de la mujer vasca. Ella manejaba las cosas de la casa. Nosotros le teníamos pánico cuando se enojaba, pues era lógico: con seis hijos alguien tenía que imponer la disciplina. Yo era el regalón de ella y también de mi abuela materna, la que vivió con nosotros algunos años. Como yo era el hijo mayor tenía todos los honores. Pero esos cariños no se apartaban de la enseñanza.

Así con honores más honores menos también le llegó la sanción:

—Un día la mamá me pegó y fuerte. Íbamos de compras por Valparaíso y a mí me dio una pataleta porque no me quiso comprar una lancha a cuerda. Una pataleta tan grande que mi mamá me dijo: "Si sigue llorando así le voy a pegar". Y dicho y hecho. Yo no paré de gritar y ella me metió en una mampara de la calle Condell y ahí detrás de la mampara me dio la zurra. De inmediato se me pasó el llanto, me quedé con la zurra y sin la lancha. Todavía se lo agradezco —murmura.

—*¿Cómo era su padre?*
—Un hombre muy bueno, querendón de su familia. Yo nunca recibí una reprimenda de mi padre, a pesar de que mi mamá nos amenazaba con él. "¡Le voy a decir a tu padre!". A nosotros, los hombres, nos trataba como si fuéramos amigos. A medida que fuimos creciendo más amigos fuimos con él. Yo, sobre todo. Le contaba las cosas que hacía. A mi padre

Pinochet junto a su padre en Valparaíso.

lo trataba de usted, pero cuando fui ya un hombre comencé a tratarlo de tú.

—¿Y cuándo fue hombre?
—Debo haber tenido entre los veinte o veinticinco años.

LOS COLEGIOS DEL GENERAL

Tenía nueve años cuando la familia se trasladó a Quillota. "Parece que mi madre tuvo un principio de asma y el doctor le recomendó cambiar de aire. Como teníamos una quinta en Quillota, nos fuimos a vivir allá".

Fue entonces cuando el niño Pinochet conoció los sinsabores de un internado.

—Me metieron al Seminario San Rafael. Era un colegio muy disciplinado. Se castigaban las faltas dejando sin salir el domingo. No es que se usaran reglas para pegarnos –como en otros colegios–, pero no salir era una sanción fuerte.

»Jamás me pude acostumbrar a estar interno; por ello en una oportunidad molesté y fregué tanto, que un día me dijeron: "Bueno, váyase". Lo que yo quería era estar al lado de mis padres y en el Seminario no me pude acostumbrar. No podía estar tranquilo lejos de mi familia. Entonces, cuando llegué a Quillota ingresé a los Hermanos Maristas y hasta el día de hoy los recuerdo con afecto, los hermanos eran excelentes profesores, pero yo viví ¡sobresaltado!

—*¿Por qué tanto sobresalto?*

—¡Oiga, para qué le digo lo que era eso! Fíjese que un grupo de alumnos llegaba por las mañanas como cowboys, galopando por la calle Santa Isabel. Se bajaban, amarraban sus caballos y entraban al colegio haciendo sonar las espuelas. Yo estaba en tercera preparatoria, no tenía diez años de edad y aún recuerdo, como un suceso especial en mi vida, el paso por aquel colegio.

—*¿Qué recuerda tanto? ¿Había falta de disciplina o era que no le gustaba la violencia?*

—Nunca me gustó la violencia. Pero no era eso, sino la actitud de estos alumnos que llegaban desde Boco. Nunca había visto algo semejante. Por ejemplo, que no llegaran a la hora o cómo contestaban al profesor, hablaban como se les antojaba. Me acuerdo como si fuera hoy. Los estoy viendo sentados en su banco y diciendo por ejemplo: "Bueno, señor, se acabaron las preguntas". Creo que por mi construcción no aceptaba esas cosas, pues no me gustaban. Un día le conté todo a mi padre y optó por cambiarme a los Padres Franceses, porque volvíamos a Valparaíso.

»En los Padres Franceses aprendí bastantes materias. También actualicé el francés, que lo aprendí con el padrastro de mi madre, el que cuando yo era pequeño se fue a la guerra. Cuando salía con él me hablaba todo el tiempo en francés. "Para que te acostumbres", decía, pero yo –chiquillo porfiado–, le contestaba en castellano... No les gusta a los niños un idioma extranjero. Mi abuelo político era un hombre culto. Enemigo de los pelambres, con otra mentalidad distinta a la chilensis. Con mente europea, amplio criterio, fue él quien me enseñó el francés. Por eso hoy puedo leerlo y lo entiendo: pero a mí me gustaba el latín; orábamos en latín, sabíamos también algunas frases, pero hoy lo que más recuerdo son las declinaciones y uno que otro verbo, como conjugar ser o estar, por ejemplo: *Ego sum*, yo soy.

—*Ego sum... Buen título para este libro. Ego sum Pinochet.*
Sonríe el general y ladea la cabeza, y permanece hundido en quién sabe cuáles pensamientos.

EL INFIERNO

De acuerdo con su memoria, en la infancia de Pinochet no hubo nada que no fuera placidez, "mucho cariño", una familia muy unida, "papás querendones", una que otra pillería. "Éramos diablillo, les poníamos sobrenombres a los amigos del papá. A uno le decíamos Pericote, porque tenía bigotes de ratón". Cuesta pensar que ese niño, formado en una familia de clase media y donde todo era suave y aparentemente normal, iba a convertirse en uno de los gobernantes más temidos de la historia de Chile.

—*¿Nunca se sintió inseguro, no hubo miedos, tristezas, alguna carencia en su infancia?*
—Yo tenía un amigo muy querido. A los diez años sus padres se separaron. Un día me dijo: "Mira, Augusto, yo sufro tanto porque mi papá no llega a la casa". En forma simple me transmitió su amargura. Desde ese día, en mis oraciones en la

noche, yo –cabro chico– pedía a Dios, por favor, que no fuesen a separarse mis papás. Ellos no pensaban separarse, pero la pena de mi amigo me había producido la tristeza de que llegara a pasar.

—Pero habría algo que lo hiciera sentir inseguro. No es creíble que usted no hubiese tenido una sola experiencia que lo marcara en ese sentido. Le pregunto, porque escuchándolo hablar da la impresión de que su infancia se parece más a un sueño que a la realidad.

—A ver... Inseguro. Cuando saltábamos o cuando nadábamos y no nadábamos bien. Inseguridad física, le diría.

»¡Ah! Ya me acuerdo. ¿Sabe qué me daba miedo? Irme al infierno. Eso me lo inculcaron en el Seminario. Todavía me acuerdo de una frase que decía el sacerdote: "El infierno dura una eternidad". ¿Qué es eternidad?, me preguntaba yo. La respuesta de este sacerdote jesuita era: «Eternidad es algo que no termina nunca, es como si una mosquita pasara todos los años por un continente y con una punta del ala rozara esa tierra. Al cabo de millones y millones de años, esa mosquita habría gastado medio granito de arena de ese continente. Eso es un segundo de la eternidad", agregaba el curita.

—¿Y ese curita no le dijo cuáles eran los pecados que podrían llevarlo a usted al infierno?

—No dijo nada. Uno tenía que darse cuenta de que no podían cometerse pecados mortales.

—¿Todavía tiene miedo de irse al infierno?

—Ya no. Con los años tengo otros pensamientos. Es la enseñanza que va dejándole la vida. Uno al final va a integrarse a Dios.

—¿Usted cree que cuando muera se irá al cielo?

—Es que el infierno no existe. Uno se aleja o se acerca a Dios. El infierno es estar lejos de Dios.

—*¿Y usted se siente cerca?*
—Trato de estar lo más cerca posible. Bueno, cuando chico uno piensa en esas cosas. Además, debo haber tenido ese miedo, porque como era un cabro fregado...

—*¿Se hacía pipí en la cama?*
—Vaya la preguntita. Creo que nunca, ni de chiquillo tampoco. Mi mamá decía eso.

—*¿Recuerda haber tenido algún contacto con la muerte?*
—¡Claro! Cuando murió mi abuela paterna. Acompañé a mis padres a verla cuando había fallecido. A mí no me dejaron entrar al dormitorio; mi madre me dijo que tenía que esperar afuera, pero cuando se descuidó yo entré. Estuve un rato mirando a mi abuela y después le pasé la mano por la boca a ver si respiraba.

—*¿Le impresionó tocar la cara fría de su abuela?*
—No recuerdo que me haya impresionado. Todo lo contrario.

—*¿Cómo que todo lo contrario? ¿Está diciendo que le gustó sentir la piel de su abuela muerta?*
—¡No, pues! Cómo iba a gustarme. Lo que quiero decir es que como no era mi abuelita más querida, creo que no me importó tanto.

Un momento de distensión y el General
aprovecha de mostrar su biblioteca.

GUSTOS PERSONALES

En ese punto de la conversación se puso de pie, apoyó ambas manos sobre la mesa y dijo: "Hasta aquí no más llegamos", y nos invitó a conocer uno de sus despachos.

—Para que vean parte de mi biblioteca. Tengo treinta mil volúmenes que voy a regalar más adelante, así es que no miren despectivamente a mi biblioteca. Claro está que no la tengo completa en La Moneda. Una parte de ella está en Melocotón, otra en la casa de presidente Errázuriz, otra en Bucalemu y una parte aquí.

Había cientos de libros en aquel despacho, algunos como nuevos, otros como recién comprados. "Estos son los que más me gustan —dijo, y empezó a sacar libros de arte, todos en francés—. Cuando termine esto, me gustaría ir a Francia, a París, a Bretaña y a otras partes como turista".

—*¿Cómo piensa ir a París de turista? ¿No se da cuenta de que pueden matarlo a la vuelta de la esquina?*

—También me pueden matar aquí. Los asesinos no seleccionan los países.

—*¿Qué siente cuando piensa que ni un solo gobernante democrático quiera invitarlo a su país, cuando piensa que ninguno quiere venir a Chile mientras usted esté en el poder?*

—Nada que me afecte la siquis ni a mi proceder como gobernante. Tengo la enorme satisfacción de haber recibido al Santo Padre, lo demás no interesa. Comprendo que muchos gobernantes que se autodenominan "democráticos" cuidan su imagen, y las calumnias, que son infinitas, los afectan. ¿Y cómo me van a invitar si nuestros compatriotas mienten con mil cosas sobre los Derechos Humanos? Dicen mil barbaridades sin misericordia y todo por lograr el poder, y luego dicen que soy un dictador y mil falacias. ¡Cómo me van a invitar estos señores gobernantes si saben mi actitud contra los políticos! Bueno, señoras, ahora vamos a "cucharear" un rato. Ahí seguimos conversando.

Pasamos al comedor.

Pinochet se sentó a la cabecera de la mesa. Había tres vasos frente a su plato. Uno de ellos contenía un líquido amarillo.

—*¿Qué es eso?*

—Este es jugo de piña y este tiene agua mineral.

—*Pero ese del medio no tiene agua ni jugo de piña. Tiene otra cosa.*

—Es agua de hierbas; se conoce como "agua de pasto" que quita la sed y lo mantiene a uno en buenas condiciones físicas y de salud.

—*¿Nunca toma vino?*

—Tarde, mal y nunca. Y cuando bebo me gusta beber una copa, pero yo no tomo habitualmente. Me gusta en ocasiones beber una copa de vino blanco antiguo, añejado... ¿Qué me van a preguntar ahora? Porque ya las tengo pilladitas. Despacito se van metiendo, de a poquito van entrando —y se queda un rato mirándonos, como al acecho, y sonriendo apenas—. No, si era broma. Pregunten lo que quieran.

—*¿Qué tipo de películas le gusta ver?*

—Las históricas. Esas que dejan alguna enseñanza. También me gusta leer. Cuando niño leí a Salgari. Otro autor que leí con ahínco fue a Julio Verne. Y a Alejandro Dumas: *Los Tres Mosqueteros*, *Diez Años Después* y otros.

—*De todos los libros que ha leído en su vida, ¿hay alguno que lo haya impresionado vivamente?*

—¿El que más me ha gustado? A ver... Un libro que yo haya leído con interés como si lo devorara... Le doy tres que me impresionaron: Las Batallas Decisivas, contadas por los ingleses y para ellos. *La Rebelión de las Masas*, de Ortega y Gasset, y *La Guerra del Pacífico*, de Bulnes.

—*¿Conoce algo de literatura latinoamericana?*

—Sí. Algunos. Por ejemplo, leí *Conversaciones en la Catedral*, de Mario Vargas Llosa.

—*¿Y Cien Años de Soledad?*

—No, porque casi todos los autores modernos son muy crudos.

Silencio.

—*¿En qué se quedó pensando?*

—En las películas. Me gustan las películas italianas, aquellas donde actúa la Ornella Muti, la Gina y la Sofía Loren y otras.

—*Porque tienen el cuerpo bien modelado. Tienen de todo, y bastante. Por eso le gustan, ¿o no?*

—(Se ríe). ¿Quieren que les diga una cosa? No me gustan las mujeres así. Me gustan como mi esposa y muy femeninas.

—*¿Intelectuales?*

—¡Claro! Una mujer con quien no se puede conversar no interesa. Uno no puede dedicarse a las materias puramente contemplativas con la mujer. Tiene que haber conversación franca, intercambio de ideas, conocimientos de historia, etc., ¿no creen?

—*Ciertamente, pero en general se piensa que los militares las prefieren dueñas de casa, mujeres dedicadas al hogar.*

—¡Ah no! Nunca me han gustado como esposa las dueñas de casa. Yo no me he casado con una asesora del hogar, y llevamos más de cuarenta años de casados con mi mujer y siempre nos entendemos bien.

—*¿Quién manda en su casa?*

—Yo trato de no imponerme, ni con mi mujer ni con mis hijos. Que ellos hagan lo que deseen. Pero eso de imponer una cosa, ¡negro es negro y se acabó! Eso no. A veces me reprochan porque no me impongo más. En mi familia no soy autoritario.

—*Pero fuera de su casa cambia la cosa, porque usted tiene una personalidad autoritaria. Eso es lo que ha demostrado durante los dieciséis años de su gobierno.*

—Bueno, es que uno está hecho para eso. Yo entré a los dieciséis años a la Escuela Militar y no he conocido otra forma de vivir. Sólo conocí la disciplina: obediencia como soldado y medido como jefe.

SUEÑO MILITAR

Desde muy niño pensó ser militar.

—Cuando cumplí catorce años decidí postular a la Escuela Militar. Estaba ansioso por entrar a la escuela —advierte y luego cuenta que no fue fácil. Lo rechazaron. Primero lo encontraron "chico", después le dijeron que era demasiado "flaco"—. Pero yo volví a la carga. Arremetía. No lo dudé nunca. Distinto habría sido si me hubiesen obligado, pero yo entré porque tenía ganas de entrar.

—Usted venía de un hogar donde al parecer no imperaba una disciplina rígida, no había un padre autoritario, ni se percibía el espíritu militar. ¿No le resultó chocante la rigidez de la Escuela?

—La verdad es que era bien distinta la Escuela, de mi casa. Yo estaba acostumbrado a un hogar donde se preocupaban de mí. Me atendían, podía acostarme a la hora que lo deseaba. Todas aquellas actividades libres. Pero llegué a la Institución y cambió mi vida. Pasé a ser un hombre que debió ajustarse a procedimientos rígidos. Un hombre que sabe con un día de anticipación todo lo que hará al día siguiente, minuto a minuto. Allí se funciona de manera tal que uno sabe qué va a pasarle desde la diana hasta la retreta. Se va encasillando. Se va acostumbrando a ser metódico y ordenado. ¡Claro que era diferente de la casa! Pero mis padres me apoyaron siempre, en especial mi madre. También mi padre, que estaba en desacuerdo

Comienzos de la carrera militar como oficial del Ejército.

El teniente Pinochet encabeza el desfile de cadetes en Valparaíso.

inicialmente: él quería verme de médico. Yo habría sido un buen doctor, ¿verdad? Después me apoyó en todo momento.

—*¿Qué especialidad médica habría elegido?*
—Pediatría.

—*Estará bromeando. A usted nunca se le pasó por la cabeza ser otra cosa que un militar. ¿No es así?*
—No, señora, pensé en ser cura —dice y lanza una carcajada—. Es broma, pero tiene un fondo de verdad... Jamás pensé en estudiar otra cosa que no fuera mi vocación de servicio, que tengo desde niño. Porque uno entra a la Escuela Militar para servir a la Patria. No se entra pensando en la guerra. La gente se equivoca cuando piensa que a los militares sólo nos gusta la guerra y la violencia. O cuando piensan que somos fácilmente violentables.

—*¿Cuándo se violenta?*
—Cuando me mienten o, cuando veo deslealtades.

—*¿Cómo reacciona frente a eso?*
—Con palabras duras.

—*Ninguno de sus hijos fue militar. ¿Se siente frustrado por eso?*
—No, ambos quisieron entrar en las Fuerzas Armadas. El mayor fue militar, pero al sufrir un accidente tuvo que dejar la carrera. Estaba trabajando en un taller de vehículos blindados cuando se le vino un camión encima. Lo aplastó, salvó la vida, pero le quebró las dos clavículas y salvó porque el camión chocó contra la pared, si no habría sido aplastado en el pecho y le hubiese destrozado la cabeza. Sin embargo, quedó con los nervios de la columna destruidos, lo que le inmovilizaba los brazos y las piernas. Ahora está bien, pero de repente le vienen tensiones que lo obligan a tenderse. Mi otro hijo quiso

ser aviador, pero le falló la vista. Volviendo a su pregunta: no, no fue frustrante para mí que no siguieran la carrera. Mis tres hijas y mis dos hijos varones se han desarrollado y se han realizado libremente. Además, con un general en la familia basta.

EL ATRACTIVO DE LA GUERRA

Le gusta hablar de los grandes generales de la historia y dice que los ha estudiado. Napoleón es uno de los que más admira.

—No solo porque fue un gran estratega sino porque fue un investigador. Fue un patriota. Napoleón tiene muchas virtudes. Cuando estábamos como alumnos en la Academia de Guerra, teníamos que estudiar las campañas y a todos los generales. Esta materia me interesaba tanto que durante las vacaciones de verano normalmente iba al campo de la familia y allí me dedicaba a estudiar cómo eran esos jefes militares, cómo enfrentaban la guerra, cuáles eran sus características. Porque ellos –igual que los boxeadores– poseían ciertas características para dar un combate. Así, Alejandro Farnesio, Gonzalo de Córdoba, Napoleón, Julio César... A todos ellos los investigué. Tenían un proceder distinto. Algunos preferían el rompimiento; es decir, se metían con sus fuerzas para romper a las fuerzas enemigas. Otros, como Federico II, atacaban de flanco. Sin embargo, todos ellos tenían factores comunes: dejaban abierta la línea de retirada por si les iba mal: no tenían la seguridad del triunfo. Durante la Segunda Guerra Mundial, estudié y analicé detenidamente las batallas efectuadas.

—¿Con quién estuvo durante esa guerra: con los alemanes o con los aliados?

—Estuve con todos y curiosamente jamás acepté uno solo. Al principio estuve con los alemanes, porque nosotros ignorábamos muchas cosas. Pero estuve con ellos, y seguíamos las batallas en un tablero mural donde pegábamos las cartas para seguir los movimientos, marcábamos los frentes con chinches de cabecitas de diferentes colores. Los chinches representaban tropas y unidades y eran las piezas claves que nosotros movíamos de acuerdo con los antecedentes que nos llegaban por la prensa y otros medios. Manteníamos al día los movimientos desde cuando comenzó la Segunda Guerra Mundial. Llevábamos el control de los combates y de las batallas. Nos encantaba Rommel. Ver cómo ese hombre se defendía cuando trataban de derrotarlo en África. Después vimos cómo Montgomery engañó a Rommel y tantas otras cosas.

—¿Lo único que le preocupaba era la estrategia o le interesaban también los aspectos ideológicos de esa guerra?

—Nosotros no mirábamos la ideología. En esos momentos sólo nos preocupaba la parte profesional. Era como si un médico tiene al frente suyo a un paciente con un tumor, lo que estudia es el tumor y no la ideología del paciente. Nosotros mirábamos la guerra lisa y llanamente como un problema relacionado con nuestra profesión de militares.

EL DEFECTO DE HITLER

—Y ahora desde la perspectiva de la historia, ¿cuál es su juicio sobre Adolfo Hitler?

—Hitler se equivocó. Y además tuvo el defecto de perder la guerra.

—*¿Es ese para usted el único defecto? ¿El holocausto y la brutalidad que ello implica no le parece un defecto?*

—Pudo tener mil defectos, pero yo no culpo a nadie en especial y repudio la brutalidad con que los nazis actuaron contra los israelitas; pero la culpa no es sólo de Hitler, sino de un grupo de altos dignatarios.

—*¿Cómo que no fue de Hitler? ¿De quién fue, entonces?*

—Puede que sí sea el culpable o puede que no, pero le repito que no creo que los horrores cometidos sean de responsabilidad sólo de Hitler, allí hay un grupo de responsables. También estoy de acuerdo con que actuaron en forma aberrante al querer suprimir una raza. La historia futura los juzgará duramente.

—*¿Cuál es la explicación suya?*

—Que sin duda hubo muchos factores que contribuyeron a crear un clima de odiosidad tan grave y un odio tan reconcentrado, que culminó con esos horrorosos asesinatos masivos que nadie acepta o justifica y, con el correr de los años, la historia dirá la verdad que avergonzará a la nación afectada.

—*Pero Hitler estaba perfectamente enterado de la existencia de campos de concentración, de los aparatajes de exterminio como hornos crematorios, trabajos forzados, duchas con aguas venenosas. No es pensable que eso se haya montado a espaldas de Adolfo Hitler.*

—Le repito, puede que sea como lo dice usted o puede que no. Ya sé que van a saltar para decirme: "¡Lo está defendiendo!" No, señoras, no defiendo a Hitler ni su sistema, pues tengo a muchos excelentes amigos de ascendencia israelita, y que gozan de mi amistad y afecto y no puedo aceptar lo que sucedió en los años de la Segunda Guerra Mundial, esas aberraciones criminales.

—Quienes estuvieron a cargo de la represión fueron genera-les, nominados por Hitler, cercanos a Hitler, hombres de Hitler.

—Tengo entendido, por lo que he estudiado, que no eran los generales del Ejército. Los generales a quienes usted se refiere eran los generales de las SS. Los generales del lado militar no estaban enterados, o si sabían eran muy pocos los que conocían lo que estaba sucediendo. En cambio, los SS sí sabían y estaban formados ideológicamente de manera diferente. Era la política interna de Hitler.

—Como la CNI, ahora, en Chile.

(Pinochet ignora el comentario y continúa hablando de las SS).

—Hágase cuenta que era una milicia sometida a las más grandes pruebas de carácter sicológico. Esa gente estaba formada de manera tal, que llegaron a perder el sentido de la vida, el sentido de la libertad, el sentido de la bondad, el temor a Dios.

Entonces retoma la pregunta y responde:

—La CNI a que usted se refiere es un órgano de inteligencia que aquí en Chile han tenido todos los gobiernos políticos que he conocido en mi vida. Recuerdo al grupo político de investigaciones que tuvo Alessandri, Aguirre Cerda (que fue el que detectó el "Ariostazo" y lo anuló), Antonio Ríos, Gabriel González Videla, Ibáñez, Alessandri, Frei (que detectó el Tacnazo). Para qué digo del señor Allende, que tenía la mejor red de inteligencia, como lo comprobé personalmente en el Ministerio de Defensa con el Ministro de Defensa. Luego usted no puede comparar la CNI, que no es policía ideologizada como la SS. Sí —más bien— esta última puede compararla con los servicios que tenía Allende con sus GAP.

—Usted culpa a la policía política alemana, pero la verdad es que prácticamente toda la humanidad piensa que Hitler fue un gran asesino.

—A lo mejor fue un gran asesino. O una persona que vivió ignorante o sabía todo y lo autorizó; yo no tengo mayores antecedentes sobre él, sobre los hechos sí.

—Esos antecedentes son espeluznantes. ¿No ha visto las películas y las fotografías donde aparecen cerros de hombres, mujeres y niños desnudos y muertos, asesinados?

—Bueno, ¡es que hubo muertos! y vuelvo a repetir, fueron hechos horrorosos.

—¿Y usted qué siente ante esa realidad?

—¡Siento repudio! ¿O usted cree que siento alegría? Pero veamos una cosa. Colocando a Hitler junto a Stalin, ¿con cuál se queda usted? Yo, con ninguno de los dos. Le voy a decir que Stalin era el más grande de los asesinos del siglo. Hasta Gromyko –que fue ministro de Relaciones Exteriores por treinta años– tiene en sus Memorias un párrafo donde reprocha a Stalin sus crímenes. ¡Hasta Gromyko! Yo creo que tanto Hitler como Stalin hicieron un gran daño a la humanidad. Tenían una concepción de la vida tan salvaje, eran tan faltos de principios. Sin embargo, sumando y restando, creo que Stalin marcó más. Esas purgas que hacía en los años treinta, cuando a los tipos los obligaban a confesar: "Yo maté a fulano de tal. Yo estoy contra la revolución". Y después los mataban. Son cosas que marcaron mucho. El hitlerismo, en cambio, como que desapareció. El stalinismo no ha desaparecido del todo.

—Usted debe haber escuchado ese aforismo que habla de la guerra como partera de la historia. ¿Cree que a partir del siglo XXI continuará siendo la guerra una partera de la historia o piensa que

*la humanidad está entrando en una era donde primará el entendi-
miento entre naciones?*

—Los seres humanos olvidan sus errores y por ello le hago
una pregunta a usted: ¿En qué momento ha estado el mundo en
paz? Dígame. ¡Nunca! Desde que el mundo es mundo.

—*Es cierto, pero ¿no le parece que la diplomacia...?*

—La diplomacia —interrumpe— va de la mano con la
parte bélica. No son contrapuestas. Una diplomacia con un
buen respaldo bélico hace una diplomacia activa, no diré agre-
siva, pero sí capaz de ir hacia adelante, persistente. Al final,
triunfante. Una diplomacia sin respaldo de las fuerzas, lisa y
llanamente se va entregando al que lo enfrenta.

LA PERESTROIKA SEGÚN PINOCHET

"Nuesto amigo Gorbachov". Así lo llama. Y resulta sorprendente la forma como se refiere a los cambios que se están produciendo en la Unión Soviética. "Llevo como tres días leyendo
al famoso Gorbachov, pero no estoy leyendo La Perestroika.
Ese libro lo leí en el verano".

—*¿Cuál es su juicio sobre la perestroika?*

—Está hecha con los mismos elementos que siempre,
pero adornada de aperturas. El otro día dijo Gorbachov en
París que la Revolución Francesa produjo la democracia. Que
la revolución del año 1917, en Rusia -que fuera una matan-
za salvaje-, produjo el socialismo. ¡Él no lo llama comunismo!
Lo llama socialismo. Y dijo que ahora, con esta revolución, se
produjo la perestroika. Dialéctica pura. Produjo la perestroika
—murmura haciendo un gesto de desprecio con la boca—. Es

decir, según él, lo que se está produciendo allá es un socialismo democrático, que es lo que le gusta al señor Lagos.

—*Y eso no le parece posible a usted.*
—¡No! pues, eso es una habilidad gramsciana.

—*¿No ha pensado que Gorbachov advirtió los errores del stalinismo y que está buscando caminos para enmendarlos y hacer una revolución sobre la propia revolución, para ir a un socialismo democrático?*
—Tanto como socialismo democrático, no lo creo. No lo creo por muchas razones. ¿Ha cambiado, por ejemplo, la mentalidad sobre el trabajador soviético?

—*Ha cambiado. Por eso existe la perestroika.*
—¿Puede el ciudadano de Moscú ir a Stalingrado?

—*Puede.*
—¿Y a París?..., veo que usted está mejor informada que yo.

—*Lo que a usted le preocupa es que los cambios aún no se manifiestan en la vida doméstica de los soviéticos.*
—¡No se notan los cambios! No es como dicen esos dos hombres de sonrisa delicada y dientes de acero.

—*¿A cuáles hombres se refiere?*
—A los señores Gorbachov y Schvernadge —dice lentamente y mirando fijo a los ojos.

—*Concretamente, ¿cómo califica el fenómeno de la perestroika en la Unión Soviética?*
—Como un invento de ese hombre que se llama Gorbachov, quien admira a Lenin. ¡Lo admira! Conoce perfectamente bien los principios de Lenin y de Marx. Eso es lo que sucede.

Entonces, ¿de qué apertura me están hablando si el marxismo jamás ha aceptado ninguna? Pues no es lo mismo socialismo marxista que socialismo utópico.

—¿No le parece ahistórico su antimarxismo exacerbado cuando los grandes pensadores de este tiempo han comprendido que pasó la época de los ideologismos y que la humanidad tiene una posibilidad clara de salvarse por la vía del entendimiento, el diálogo y la comprensión de los distintos fenómenos?

—En cuanto a mi antimarxismo exacerbado, no hay tal, pues cambiaría mi opinión con otros antecedentes. Si ustedes quieren saber cuándo le voy a creer a Gorbachov, se lo diré ahora mismo. Yo le voy a creer cuando haga elecciones libres. Cuando termine con las restricciones que todavía sufren los soviéticos. Cuando se acabe la Nomenclatura. Cuando un israelita pueda salir de la Unión Soviética sin permiso y regresar tranquilamente a su país. Le voy a creer a ese hombre cuando haga cosas que vayan contra sus principios, que son los principios de Lenin. Pero mientras se mantenga en lo mismo de antes, no le voy a creer nada. La perestroika es un bocado muy bien presentado, que se lo van a comer muchos y yo no seré uno de ellos.

—Los norteamericanos están comiéndolo. Y con gusto.
—Yo no sé lo que les gusta y no les gusta a los norteamericanos, pero díganme, ha perdido algo Gorbachov? ¿Ha perdido alguna cosa?

—Ha ganado el respeto de casi todo el mundo.
—Es posible, pero creo más bien que en lugar de "respeto" es "temor" a un conflicto nuclear. ¿Ganó Afganistán?

—¿Pero a qué se refiere usted? ¿Está hablando de ganar y perder territorios?

—No sólo territorios, sino también conceptos. No ha cedido en nada ni nada. No ha perdido nada. Ni tierras ni conceptos. Se mantiene con las mismas ideas con que se inició. No ha perdido un ápice. Tiene los principios incólumes. Lo único que ha ganado es que los tiene a todos adormecidos y felices porque ven alejarse el fenómeno de la guerra; pero ¿a qué precio?

—¿Usted no le reconoce nada? ¿No le parece un cambio importante que esté aceptando la gestión privada, por ejemplo? ¿No cree que la entrada norteamericana implica un cierto grado de apertura?

—¿Y ustedes no sabían que en la historia de Rusia, y no hace tanto tiempo, ya hubo una perestroika que fue un desastre, que fracasó en su apertura económica?

—¿A cuál otra perestroika se refiere?

—A la NEP. Nueva Política Económica, que consistía en la restauración parcial del sistema de la libre empresa, que permitió el restablecimiento de ciertas industrias bajo control privado, se legalizó el comercio minorista. "Una pequeña perestroika" hasta 1928, ideada por Lenin en 1921. Fue motivo de uno de los grandes crímenes de Stalin. Dijeron que se habían abierto, llegaron nuevos capitales desde afuera. Todo para atraer a la gente, pero ¿qué pasó? ¡Nada! En un momento dado, en 1928, Stalin cortó con toda apertura. Les dijo: "Señores, se acabó. Aquí todos ustedes dependen del Estado y ¡se acabó!" Después Kruschov, cuando se abrió a los intelectuales y cuando vino Brezhnev, salieron del país o los enviaron a Siberia, como a Yoly, Alexander Solyenitsin y otros. Pero si toda esa gente salió porque Rusia se había abierto. Eso fue lo que dijeron, pero en realidad ¿se había abierto? No, pues, señora. Esta perestroika puede ser nada más que una nueva versión de la NEP. Es posible que esta supuesta apertura no sea más que una estrategia de un líder "inflado" desde afuera.

—*¿Inflado por quiénes?*

—Por los agentes de propaganda externos y por los mismos comunistas que además están repartidos en el mundo entero. Es lamentable que el comunismo, que tiene un carácter universal, tenga una ideología tan negativa y perversa.

—*¿Usted ha conversado alguna vez, desde que es gobernante de Chile, con un militante del Partido Comunista?*

—No, porque los comunistas me repelen y me arrancan. Tengo gente experta en el tema y yo mismo –sin ser especialista– lo he estudiado a fondo. El comunismo no es una materia para conocerla por encimita. Hay que meterse bien dentro de su filosofía para comprenderlo. Es como cuando usted quiere tener claras las características de un campo: no lo verá totalmente desde un extremo de él; en cambio, si se sube a un globo y asciende todo lo verá más claro: cuanto más se eleva en ese globo, más se le ampliará la visión. Es difícil comprender el comunismo si sólo se mira una arista, hay que mirarlo integralmente.

No cabe duda de que a él no le gusta. Y los cambios que está introduciendo Gorbachov no le convencen para nada. Pero no sólo eso. Nada que huela a socialismo le parece fiable. François Mitterrand es para él "un hábil político que se esconde bajo la máscara del socialismo y hace más cosas con la derecha que con la izquierda".

—Es un izquierdista y cuando digo hábil político me refiero a que sabe manejarse bien. Cuando le conviene actuar con la derecha, actúa con la derecha. Otras veces le conviene actuar con la izquierda y lo hace con la misma facilidad. ¡Triunfa siempre! —exclama y da un golpe en la mesa.

A Felipe González también lo ve como un "hábil político" y se apresura a decir que él, en cambio, nunca ha sido un político.

—Pero ese cuento no se lo cree ni usted mismo. Usted ha actuado como político durante todo su gobierno. Es un político con uniforme.

—Le vuelvo a decir que no… Y para que vean que yo actúo de manera muy distinta, les voy a contar una anécdota que me pasó aquí mismo. Un día, en esta mesa, se estaba tratando un problema de gobierno. Vinieron siete políticos. Fue antes del plebiscito de Octubre de 1988. No recuerdo de qué materia se trataba, pero no interesa. Llegamos como a las cinco y media de la tarde y fue un verdadero bla, bla, ra ra. Terminaron de hablar a las ocho de la noche. Y no habían solucionado nada. Al otro día volvimos a juntarnos. Y otra vez lo mismo. Bla, bla, bla y tampoco llegaron a una solución. ¡Fueron cuatro días! Yo los miraba, no más. Hasta que les corté el queque y les dije: "Señores, esto se hace así" y así se hizo. El queque lo corté militarmente, pero eso es bien distinto de las fábulas que cuentan los políticos como Felipe González, quien tiene convencida a la gente de que está haciendo un gobierno socialista democrático o una democracia socialista. Y yo no creo que sea posible una democracia socialista…, creo que es un proceso gramsciano. Sin embargo, a nosotros los militares nos gusta el sistema socialista, por nuestra forma de vida, pero yo le pregunto: ese socialismo donde todo lo tiene el Estado ¿no es comunismo?, y eso ¿le gusta a usted?

—Estamos hablando de un socialismo democrático, como el de España o Francia. Me gustaría saber si usted cree que socialismo y democracia son incompatibles.

—Son términos irreconciliables. Pero me están metiendo en un cajón donde no quiero entrar.

FIDEL

—Un hombre de mucho carisma. Es valiente Fidel Castro —dice y va dejando caer silencio entre palabra y palabra—. Político... Con una manito de hierro... y Ave... María... Purísima. Lo mantiene la fuerza y esa manito que tiene. Fusiló hasta a su amigo íntimo, el hombre que había estado junto a él y lo fusiló. Yo por lo menos podría haberle dado pena perpetua o expulsado del país, pero él lo fusiló. Buena forma tiene para con sus amigos; es que no tiene Dios ni ley.

—*¿Usted fue partidario de Batista?*
—No. Yo estuve en Cuba en tiempos de Batista. Me tocó ir por dos días. Era un relajo, le diré, que más parecía una gran casa de fiesta y ello no me gusta.

—*El pueblo cubano sufría en esa fiesta. Estaban mal.*
—¡Mal pues! Mal estaban, pero el pueblo también gozaba. Andaban todo el tiempo moviéndose como si bailaran, me imagino porque se sentían libres.

—*Sin zapatos, sin educación, con hambre.*
—Sin zapatos. Pero con unas zapatillas inmundas y no veo que estén mucho mejor ahora.

—*Usted debe saber que fue esa situación –la de la miseria de esa gente, la brutalidad de aquella dictadura– lo que produjo la revolución cubana. Ante esa realidad, ¿no le pareció justificable la acción de Fidel Castro?*
—No me llamó la atención. Yo venía escuchando desde hacía tiempo que eso iba a producirse. Al comienzo miré

con mucha simpatía a la revolución cubana, porque pensé que sería una revolución favorable al pueblo. Fidel Castro nunca se declaró "comunista" cuando empezó. En ese tiempo conocí a unos oficiales ecuatorianos que fueron a Cuba para entrar en la fuerza aérea cubana, pero a los tres meses se dieron cuenta de que iban derecho al comunismo y se volvieron al Ecuador.

—¿Ha tenido alguna información acerca de los logros de Fidel Castro en materia de salud, educación, igualdad de oportunidades?

—Las noticias que se dan desde un gobierno totalitario son muy relativas. Es cuestión de decir: aquí muere un niño de cada diez mil. Pero eso no quiere decir nada. Cualquiera puede decir eso.

—Esas son las estadísticas, ¿pero no cree que aun cuando hace falta en Cuba un mayor grado de libertad se han producido grandes avances en términos de mayores grados de igualdad?

—No.

—¿Tampoco le reconoce nada a Fidel Castro?

—Puede que así sea, pero yo no creo en los éxitos materiales de Fidel Castro. A lo mejor estoy equivocado. Yo no soy pitoniso. Pero no me parece que pueda estar muy feliz un pueblo obligado a contentarse con una camiseta o un par de zapatos al año, si a cambio de eso han entregado o le han arrebatado su libertad.

—En tiempos de Batista ni siquiera podían tener ese par de zapatos.

—No comprarían zapatos, pero se les veía más felices. En todo caso, yo reconozco a Fidel Castro como un valiente. No es que lo admire, pero no cualquiera puede ser valiente. Cualquiera se asusta ante una potencia como Estados Unidos. Y Castro no se achicó; pero que sea un demócrata, no lo creo. También hay que considerar que no se achicó por tener el respaldo de otra potencia.

Durante la visita de Fidel Castro a Chile
en tiempos de la Unidad Popular.

"SACERDOTES CON BLUE JEANS: ¡NO!"

La primera vez que abrió una Biblia fue cuando entró al Ejército:

—Es bien larga la materia para leerla, pero la leí. Después leí otros libros religiosos y ahí se me fue quitando ese miedo al Infierno, esas ideas que me habían metido en el colegio. En ese tiempo empezaron a formarse en mi mente los conceptos teológicos que hoy tengo. Me refiero a los juicios relacionados con la religión.

—*¿Cómo interpretó al agiornamiento de la Iglesia, el Concilio Vaticano II?*

—Me afectó. Yo prefería el latín y los rituales que existían. Me afectó ese cambio formal de la Iglesia, porque yo soy dogmático en ese aspecto. No concibo que la religión se vaya modernizando, eso no puede ser. No concibo, por ejemplo, que un sacerdote ande con blue jeans. A uno le resulta muy difícil aceptarlo. O que sean políticos; el sacerdote es un hombre de Dios.

—*Pero esos detalles se refieren a cosas meramente formales. Lo que interesa saber es su opinión sobre Puebla, donde se privilegia la opción por los pobres, la terrenalización de la Iglesia Católica.*

—Pero si la Iglesia nunca ha dejado de mirar por los pobres. Siendo muchachos, chiquillos, íbamos a entregarles ropas y víveres a los pobres. Estábamos preocupados de ellos, pero de otra manera. Ahora, el cambio de la teología -es decir, de la ciencia que trata de Dios en plenitud- a la teología de la liberación, que cambia ahora al hombre, entonces la cosa va para el marxismo. A mí me parece un error, porque la teología mira a Dios y estudia a Dios. La teología de la liberación estudia como finalidad al hombre, marxismo puro, lo que no puede ser. Yo creo en Dios. No soy ateo como Gromyko. Cuántos hay que siendo ateos piden limosna en nombre de Dios. Recuerdo cuando en las Naciones Unidas quisieron que las sesiones se abrieran en el nombre de Dios. Gromyko se opuso. "Mi Estado ni yo cree en Dios", expresó y no aceptó hablar de Dios y hubo que borrar la frase "se abre la sesión... en nombre de Dios". Yo creo en Dios y creo en todo lo espiritual.

—¿Le parece inconcebible que los sacerdotes se comprometan con los problemas del hombre, como lo hizo Camilo Torres, que llegó a ser revolucionario?

—¡Pero cómo no va a ser inconcebible! Si los sacerdotes no están para eso. Que se hagan guerrilleros, entonces. Porque hay unos que andarán con sotanas y todo, pero predican materias que ¡Dios me libre! En otras palabras, se protegen en la sotana para hacer "diabluras" y eso está mal.

—Los sacerdotes en la sacristía. Eso es lo que le gusta.
—No lo diga tan duro. Sí, la mayor parte de su tiempo dedicados a Dios y que sean hombres de oración. Así creo deben ser, si no que no sean curas, sino políticos o dirigentes políticos.

—¿No ha pensado nunca que hay instancias en la vida donde realmente es necesaria la labor de los sacerdotes junto a los problemas que aquejan al hombre, aquí, en la Tierra?
—Pero si el hecho de ser dogmático no significa que uno no vaya a preocuparse de los problemas que tiene el hombre aquí. Nadie está descartando la posibilidad de ayudar al hombre.

—Entre solidaridad y caridad usted se queda con la caridad. ¿Es eso?

—La caridad es mucho más que la solidaridad. Además, son cosas diferentes. Lo que pienso es que el sacerdote tiene obligaciones que cumplir y las debe cumplir. Es como un militar. El militar tiene obligaciones que también debe cumplir.

—¿Y qué pasa cuando un militar se convierte en político, como fue su caso?

—Ya sé lo que quiere decirme. Despacito me van tirando las cosas. No, mire. Yo tomé el actuar político como un acto de servicio para ayudar a mi país. Ustedes han de saber que los militares intervinimos en Chile porque la gran mayoría del país lo estaba pidiendo y porque nos estaban llevando a ser una provincia de Rusia. No hay más que leer los discursos del señor Allende cuando fue a Rusia. Dijo que Rusia era el hermano mayor de Chile y curiosamente hay algunos que estuvieron conformes.

ENTRE LA RAZÓN Y LA FUERZA

En su libro *Política, politiquería y demagogia*, el general Pinochet describe la organización militar como una instancia en la cual quien va a mandar, primero debe saber obedecer. Fue más allá todavía. Dijo que en la vida, los que resultan inútiles son, al final, los que no saben mandar y no saben obedecer. Cuando se le advierte que eso huele a totalitarismo, que en sus palabras está implícito un rechazo diametral por el diálogo, respira profundo, se estira la chaqueta, se endereza en la silla y responde con el rostro serio, más serio que nunca. Y repite la misma frase:

—Miren, señoras: partamos de lo primero. Lo primero es que yo no soy totalitario y lo digo mil veces y eso grábenselo bien. En el año 1974, al principio del gobierno, cuando me preguntaban si era totalitario, siempre mi respuesta fue: "¡No, señor!" Se quería establecer un eje Brasilia, Santiago, Buenos Aires. Y mi respuesta fue: "No, señor". No concibo el totalitarismo. Por eso no entré en esos planes que decían algunos caballeros nacionalistas. Normalmente los totalitarios se unen para surgir y aumentar fuerzas para tomar el poder y el mando en otros países. Jamás he pensado en esos términos.

—Está bien. No es totalitario en ese sentido, pero entre mandar y convencer usted se queda con mandar; rechaza la instancia del diálogo.

—Una cosa es mandar y obedecer como militar. Los militares aceptamos de mutuo propio ser mandados y obedecer para saber mandar. Respecto a lo del diálogo, esa es una palabra "talismán" para muchos.

—Entre la razón y la fuerza, ¿cuál le parece más efectiva?

—La razón. Pero cuando no se impone la razón y tratan de destruirla, no queda otra cosa que ir a la fuerza.

—¿Qué es lo que ha imperado durante su gobierno, según usted: ¿la fuerza o la razón?

—A mi gobierno lo han criticado mucho. Pero todos olvidan cómo encontró al país la Junta de Gobierno en 1973. Ese 11 de septiembre de 1973, ¿cómo estaba el país?, ya nadie se acuerda ahora de que había una crisis profunda en todas las materias, institucionales, políticas, sociales y económicas. ¿No recuerdan ustedes la Contraloría, no recuerdan el Senado, no recuerdan los Tribunales de Justicia, ni cuando los delincuentes desfilaban con esos gorros, ¿cómo se llaman?, antifaces, no: pasamontañas, con palos, con cascos de mineros? No es que lo diga yo solamente. Lean a Paul Johnson; en la parte final de su libro habla de que aquí se encontraban quince mil guerrilleros, y el general cubano -de quien sólo ahora conocemos los antecedentes y se llama Patricio de La Guardia Font- estuvo a cargo de esas fuerzas. Más de treinta mil se trajeron a Santiago y no eran para cazar tortolitas, sino para asesinar a chilenos, por ello el gobierno empleó la fuerza como medio para imponerse y luego vino la razón que se impuso sobre nuestra fuerza para lograr todo lo que se ha hecho en estos años.

—¿Por qué está tan seguro de que no había una salida política para la situación de Chile en septiembre de 1973?

—Porque era cuestión de ganar tiempo para producir la debacle en el país. Era cuestión de días, que tenían que ganar, según ellos. Hoy parece que hay personas que vivían en otro planeta. Yo puedo afirmar que la otra salida era la guerra civil.

—Y el plebiscito que el presidente Salvador Allende estaba dispuesto a llamar el mismo día del golpe militar, ¿no era una salida política?

—No tengo antecedentes de esa fecha, pero es posible que se pensara en eso. También estimo que les interesaba ganar tiempo y las personas que rodeaban a Allende no eran sinceras con el país. Por ello era más bien prolongar una agonía o ganar tiempo para ir a la guerra civil.

—Existen varios libros y publicaciones donde se habla del plebiscito al cual convocaría el presidente Allende. Incluso ha salido publicado que la noche antes del golpe estaba preparando el discurso que pronunciaría al día siguiente, junto con la convocatoria. Nadie ha desmentido esas publicaciones.

—He leído varios libros de autores que nada dicen al respecto. Ahora, les acepto que se pensaba llamar a plebiscito, pero dígame si ello era la solución al problema o lisa y llanamente era una prolongación a una agonía, o llegar a la guerra civil. Lo que pasa es que nadie cree, hasta que no ve los hechos y, curiosamente, hay autores que hoy defienden a la Unidad Popular en sus hechos. Me parece que tienen una credibilidad abismante y lean lo que lean van a encontrar falacias muy dulces para muchos. Ahora, cuando se acuerdan del 11 de septiembre, resulta que los malos fuimos nosotros. Fuimos los que pecamos porque nos tomamos el gobierno. Pero ¿ustedes no se recuerdan el caos que se vivía esos momentos? El señor Allende cambiaba de opinión a cada rato. "Vamos a hacer esto, vamos a hacer lo otro", decía y luego todo pasaba al olvido.

El general Pinochet acompaña a la comitiva de Salvador Allende durante la Parada Militar de 1971.

Caen las primeras bombas sobre el Palacio de La Moneda
que terminarían destruyéndolo.

SALVADOR ALLENDE

Resulta impactante escucharlo hablar del presidente Allende, ahí, sentado en un sillón, a escasos metros del lugar donde Allende murió, mientras La Moneda se consumía en llamas, esa mañana del martes 11 de septiembre de 1973:

—Lo conocí en Valparaíso. Yo era un muchacho estudiante en aquellos tiempos y él estudiaba en la Escuela de Medicina.

»Todo el mundo decía "ahí está Allende, ahí va Allende". Me acuerdo que era un joven muy elegante, vestido con un abrigo de pelo de camello, una bufanda larga y un sombrero. Esa era la tenida que se usaba en esos años. A mí me producía rechazo Allende por sus actitudes. Pasó el tiempo y volvimos a encontrarnos en Pisagua, cuando don Gabriel González Videla puso a los comunistas fuera de la ley y mandó a muchos relegados a

Pisagua. Yo estuve a cargo de ellos por un tiempo. Hay que conocer la topografía de Pisagua para comprender lo sucedido. Al puerto y caserío se llega primero a un corte a pique, llamado Alto Hospicio. De allí parte el camino que va en bajada al pueblo. En esa parte se puso un "control" a cargo de un suboficial de Carabineros. Un día de esos llegó a ese puerto el señor Allende, el senador Allende, a visitar a los comunistas. Venía en auto con otras personas. Se detuvo en el control y allí esperó mientras el suboficial me llamaba. Mi primera pregunta fue: "¿Trae autorización?", "No", fue la respuesta "Entonces no se baja", dije. "Soy Senador de la República y voy a bajar", respondió él. "No me interesa que sea senador o lo que sea, pero yo tengo órdenes de mis superiores de no permitir pasar a nadie sin una autorización escrita del general comandante en jefe del Primer Cuerpo", le transmitió el suboficial. Allende no insistió. No bajó y se terminó el problema. Hay que ver lo que eran esos comunistas de Pisagua. Volodia estuvo ahí. ¡Y después contaba falacias que daba miedo!

—*¿Qué historias eran esas?*
—Bueno, vayamos al principio. Había ciento y tantas mujeres relegadas. Primero estuvieron tirantes conmigo y después ¡muy amigas! Me invitaban a tomar té con sopaipillas. Un día, una de las señoras me dijo que la ayudara a salir de Pisagua. "¿Por qué no me saca de aquí, mi capitán? Yo no soy comunista, por favor." Yo le respondí: "No tengo el menor problema en ayudarla. Vamos a la oficina de la Comandancia a hacer una solicitud para que usted pueda irse a su casa. Pero primero dígame una cosa: "¿Es comunista usted?". "No, yo no soy comunista, mi capitán". "Muy bien, señora. Yo le voy a ayudar". Llegamos a la oficina de partes y principiamos a tipear: "Yo, fulana de tal que trabaja en labores de casa, vivo en la Oficina de Pedro de Valdivia, tengo seis hijos..." "¿Y cómo se llaman sus hijos?", le preguntaba yo para dejar constancia de todo en la

forma que estaba ordenado. Entonces fue cuando casi me voy de espaldas: "Lenin, Stalin, Voroshilov, Marx, Engels...", esos eran los nombrecitos que tenían los chiquillos, pero la señora insistía en que no era comunista. La despaché.

—*¿Qué tiene que ver Volodia y sus historias con todo esto?*

—No, si no tiene nada que ver Volodia, pero lo que quiero demostrar es la atención permanente que tenían los relegados, y la ayuda que se les brindaba todo el tiempo mientras el señor Volodia hablaba en sus libros de alambradas de púas, falta de alojamiento... Pero ahí se construyeron dormitorios y se llevaron catres y colchones de los regimientos y no había tal falta de víveres. Teníamos columnas de acarreo con alimentos diarios. Pero la maligna imaginación del señor Volodia todo lo tergiversaba sobre los relegados en Pisagua. Así actúan siempre los marxistas-leninistas. Yo tengo varios libros escritos por Volodia en mi biblioteca. Uno debe conocer las ideas de sus adversarios, pues así comprueba las falsedades.

DIALÉCTICA MARXISTA

Pinochet dice que la experiencia de Pisagua le marcó "un hito" en su vida. Allí conoció "el proceder de los comunistas" y, según él, durante este período tuvo los primeros contactos que lo llevaron a convertirse en un antimarxista.

—Un año antes de ser destinado a Pisagua mi Regimiento estuvo en maniobras en Ojos de San Pedro, al noroeste de Calama. Como capitán estuve a cargo del transporte de víveres desde Iquique a la zona de Calama. Una noche llegamos desde Iquique a Calama; era cerca de medianoche. Yo iba muy cansado y hambriento. Estábamos allí y no se encontraba dónde comer algo, no había nada, ni un lugar abierto. En un momento, cuando estábamos en la plaza, apareció el alcalde en un automóvil y nos dijo: "Señores, ¿ustedes son oficiales? ¿Andan buscando dónde ir a comer?", nos preguntó luego amablemente. El alcalde, de nombre Ernesto Meza Jeria, nos fue muy agradable en ese momento. Luego nos convidó a comer a su casa y nos atendió muy bien. Al término de la comida fue una lacónica despedida. "Hasta luego, hasta luego, muchas gracias", y nos fuimos. Tiempo después vienen las medidas tomadas por Gabriel González Videla con los comunistas y se envían los relegados a Pisagua. A mí se me había ordenado tomar el cargo de la seguridad del lugar y cuando llegué, y estaba revistando a la gente relegada, me encuentro con Ernesto Meza Jeria, preso. Ahora me correspondía, como caballero, devolver la mano a ese hombre y por ello lo invitaba todos los días a almorzar. Y luego conversábamos, pero le prohibí hablar de temas políticos. Parecía buena persona, podría decir que casi era el único, pues había otros que eran unas fieras. La disciplina era muy normal, pero un tal Núñez y otros lograron escapar del puerto. Estos señores muchas veces se extorsionaban entre ellos y se amenazaban. Había más de cuatrocientas personas recluidas en Pisagua y existía entre ellos mucha tensión.

—Claro que algo me interesó saber sobre el marxismo y por eso que el exalcalde de Calama, Meza Jeria me conversó sobre la dialéctica y lo que era la tesis, antítesis y la síntesis. Un día, estábamos reunidos con varios oficiales en la Plaza de Pisagua, era una noche oscura y contemplábamos las estrellas cuando él nos explicó cómo era la dialéctica y cómo se trabajaba con ella y cómo a una idea se iban agregando nuevos conceptos. De esto se saltó al *Manifiesto* de Marx y Engels del año 1848, y posteriormente me regaló un folleto sobre esa materia. Al día siguiente, a la hora del almuerzo, hablamos cómo en ese documento se produce una seguidilla de tesis, antítesis y síntesis. Pero curiosamente, le observé que cuando se llega al hecho de alcanzar el comunismo se termina el proceso. No hay más. Eso no puede ser, le manifesté a Meza Jeria, pero este me indicó que con el comunismo se llega a la felicidad total, a lo que le repliqué: "Todo eso suena a 'cantinfleo', que sólo sirve para engañar a la gente o a los incautos".

EL PRESIDENTE FREI

—Siempre le tuve mucho aprecio —replica cuando se le pregunta por el expresidente Frei—. No voy a emplear la palabra admirador, pero recuerdo a don Eduardo Frei como un estadista. Y siendo así pudo haber hecho un mejor gobierno, pero los políticos lo amarraron e inmovilizaron. Lo conocí muchísimos años antes del pronunciamiento militar. Cuando fue elegido presidente, yo le guardaba simpatía y deferencia. Bueno, era el respeto y la adhesión que le correspondía por su categoría. Cuando me ascendieron a General y fui destinado a Iquique, allí él me nombró Intendente Interino en Tarapacá en reemplazo del Intendente en propiedad, don Luis Jaspard. Eso me permitió interiorizarme de muchas cosas que yo no conocía y sobre todo aprender el trato con la gente de los sindicatos. Como autoridad viajé por las diferentes zonas de Tarapacá solucionando problemas en nombre del presidente Frei.

—*Fue leal con Frei...*
—Yo siempre he sido leal.

—No lo fue con el presidente Allende, pero de eso vamos a hablar después. Usted dijo que Frei pudo haber hecho un buen gobierno.

—Las circunstancias son muy distintas.

—¿Por qué razón Frei no hizo un buen gobierno, a juicio suyo?

—Porque al presidente Frei no lo acompañó su propia gente. Su partido se dividió. Además, estaba formándose el MIR, Movimiento de Izquierda Revolucionario. Quiso detener a la izquierda, pero esta se le arrancó. Sus propios partidarios fueron preparando el camino a los señores comunistas. Ahora dirán lo que quieran, pero así fue.

ALLENDE PRESIDENTE

A fines del año 1970, cuando Salvador Allende asumió la presidencia de Chile, el general Augusto Pinochet se encontraba al mando de la División de Iquique:

—Ese día llamé a mis oficiales y les dije: "Señores, ha ganado el señor Allende, que es comunista. No sabe este país en qué se está metiendo". Y no estaba equivocado. Nosotros vivimos en Iquique entre los años 1946-1948, donde vi las colas para comprar, cuando no había pan, no había aceite, cuando la gente se lavaba los dientes con creta, cuando el comunismo estaba en pleno auge. Todo faltaba para los iquiqueños, pero los comunistas; a quiénes atendían? A nosotros, a los militares. Nos daban sacos de harina, cajones con pasta de dientes, jabón, mantequilla. Nuestras necesidades estaban bien cubiertas. Era el resto de la población la que tenía que hacer colas y prender fogatas en las calles para soportar el frío del invierno, y para calentarse, mientras esperaba. Sin duda la gente de menores recursos fue la que más sufrió.

—Cuando reunió a sus oficiales, al día siguiente de la elección, ¿cuáles eran sus propósitos? ¿Arengarlos en contra del Gobierno elegido?

—No. Esa misma noche, cuando avisaron los cómputos donde estaba primero Allende, les dije que yo era un hombre sin futuro. Y que allí no había más que la voluntad de Dios. "Señores, hemos entrado en un camino grave y seguramente voy a ser llamado a retiro. Soy un general de División (mayor general), y no tengo nada más que hacer, sino irme a casa".

»Al día siguiente recibí un telegrama del general Schneider. Decía: "Sírvase presentarse mañana a tal hora". Tomé un avión y me vine a Santiago. Cuando llegué aquí me encontré con un amigo, el general González, de Aviación, a quien le dije que venía a ver al comandante en jefe del Ejército y que era probable que me pasara a retiro. Luego le comenté por qué yo creía que era para eso la razón de la llamada.

»También me encontré con el general Prats, que era Jefe de Estado Mayor. Me saludó muy cariñosamente. Yo le tenía gran afecto desde la Escuela Militar y después en la Academia de Guerra. Posteriormente me dirigí a la oficina del general Schneider, quien me dijo: "Mira, Augusto, si estos caballeros no se meten con el Ejército no tiene por qué haber problemas. Allende me ha llamado para decirme que no se va a mover ni un solo general, así es que puedes volverte tranquilo a Iquique". En la tarde regresé a Iquique.

»Pocos días más tarde se produjo el atentado contra Schneider y él murió. Lo lamenté mucho, pues era un buen amigo. Esa misma noche tomé un avión FACH a Santiago, para asistir al entierro junto con otros altos oficiales de la Sexta División.

»Después de los funerales —que se llevaron a cabo con mucha pompa— Allende estaba serio. Yo pensaba regresar inmediatamente al norte, pero Prats me ordenó que me quedara para ver qué iba a suceder. Y permanecí en Santiago, pero resulta que antes de regresar, cuando pasé a despedirme, Prats me dijo que Allende quería hablar conmigo. En esa reunión, Allende me ofreció el cargo de comandante en jefe de la Guarnición de Santiago, el que acepté.

—*¿Quién fue la persona que le recomendó a Allende nombrarlo a usted en ese cargo tan importante?*

—¡Nadie! Allende me nombró porque yo era uno de los generales más antiguos del Ejército y no quería aparecer descabezando a ninguna Institución.

—*Usted sabe que lo probable es que fuera el general Carlos Prats quien lo recomendara al presidente Allende.*

—No creo. Me lo habría dicho. Y no me dijo nada al respecto. Cuando Allende me ofreció el cargo no hablamos de si alguien me había recomendado o no. Él me lo ofreció y yo sólo le dije: "Agradezco la nominación". Sabiendo perfectamente que iba a venir una debacle, que vendría la hambruna, que el país iba a desaparecer, que se destruiría por completo, pero mejor se servía allí que desde mi casa, tranquilo.

—*¿Y le dijo a Salvador Allende que pensaba eso?*

—No era mi papel, pero ya se lo había dicho a mis oficiales en el norte.

—*Pensando como pensaba, ¿consideró en algún momento que usted como militar tenía que hacer algo para impedir que Salvador Allende asumiera la presidencia?*

—Yo siempre he pensado lo mismo: el problema no era de los militares. Lea *El Día Decisivo* y comprobará lo que le digo. Además, como hombre creyente, pienso que Dios hace siempre las cosas para mejor. Si esto le toca a Chile, así debe ser. En lo íntimo de mi corazón dije así: "Si esta experiencia se la manda Dios a Chile y Chile quiere vivirla, va a ser para mejor". No sé si ustedes serán creyentes, pero yo soy creyente. Dios dispone de nuestras vidas.

—El general Schneider fue asesinado por extremistas de la derecha y el objetivo de ese secuestro, que terminó con la muerte de Schneider, era remecer a los militares para ver si así impedían que Allende asumiera el poder. ¿No estaba usted con la gente que pensaba de esa forma?

—No, no. ¡No! Definitivamente. Cómo se les puede ocurrir.

—Pero lo mataron para que las Fuerzas Armadas intervinieran.

—Es posible, pero nada supe.

—En lo íntimo de su corazón, ¿pensó o no pensó que la muerte del general Schneider era una buena señal, una cierta esperanza para que las Fuerzas Armadas actuaran?

—No pensé en ello, ni escuché comentarios en el Alto Mando sobre eso. Además, yo estaba muy lejos para que se pensara en mí y en la actuación de mi Unidad. Hay más de 2.000 kilómetros de distancia desde Santiago a Arica, por tanto era difícil considerar una resolución de tal carácter. Además, como les digo, siempre pensé que el Congreso iba a votar por Alessandri, que luego renunciaría, y se iría a elecciones de Frei. Es decir, era un problema político y las Fuerzas Armadas apoyarían esta resolución constitucional.

—Podría haber pensado que quienes tenían sus fuerzas cerca de Santiago podían reaccionar frente a la muerte de Schneider. ¿Pensó eso o algo parecido?

—Repito: en esos momentos nadie pensaba en esos términos.

—*Pero si usted acaba de decir que su opinión era que el país se hundiría y que vendría un caos...*

—Nunca dije que ello era inicial. No, por el contrario, hablé de auge y el caos posterior, como sucedió al poco caminar. Bueno, además decía para mí, si ya estamos metidos en el sistema, siempre Dios lo hace para mejor.

—*A juicio suyo, ¿el presidente Frei debió entregarle el mando a Salvador Allende?*

—Sí. Está bien que lo haya hecho. Si me hubiesen pedido mi opinión, yo habría recomendado que entregaran el gobierno a quien resultó elegido por el pueblo o por el Congreso. En eso he sido siempre igual. No he cambiado mi manera de pensar. Ahora ni nunca.

—*Después, usted comandante en jefe del Ejército y Salvador Allende presidente de la República, ¿cómo fueron sus relaciones?*

—Yo traté de estar lo menos posible en Santiago, pero de todas formas fueron unas relaciones normales. Él solía llamarme a las once de la mañana, y yo venía a La Moneda. Nos paseábamos por el salón central, allí él me hablaba de la miseria y de la pobreza del pueblo. Decía que había que levantar a la gente, ¡sacarla de ese estado!, que todo el sistema comunista era tan favorable al pobre y otras materias sobre el tema. Todo esto parecía el deseo de presentarme la materia con angustia para hacerme un lavado cerebral.

—*¿Y usted qué le decía?*

—Yo no hablaba nada, sólo escuchaba. Cuando uno habla mucho, está entregando sus ideas y a mí en esos momentos el que me entregaba era Allende y yo no devolvía nada.

—*Estaba pensando en darle un golpe...*

—No. No en esos momentos que conversaba con él. Sólo lo escuchaba.

—*¿Cuándo comenzó a pensar en el golpe?*
—¿Sabe cuándo? Cuando vi las primeras colas. Ahí dije: "Ya. Llegamos al problema". Cuando empezamos a encontrar armas ocultas. Cuando empezaron los enfrentamientos con muertes, desaparecidos, cuando se tomaron los campos, cuando se tomaron las industrias, cuando hubo muertos que ahora todos olvidan. Porque ahora los malos somos nosotros. Cuando comenzaron los asaltos. Cuando los trabajadores se votaron en huelga. Cuando mataron a Pérez Zujovic. Les voy a decir que Pérez Zujovic fue muerto siendo yo comandante de la Guarnición de Santiago.

En ese instante, el general Pinochet comenzó a dar unos golpes en la mesa con dos dedos de su mano derecha. Y siguió golpeando así un largo rato. Luego continuó:
—Yo colaboré en la búsqueda de los asesinos. Eran de la VOP, Vanguardia Organizada del Pueblo. Se les persiguió en forma incansable. La noche que los sorprendimos llegué al lugar donde se estaba combatiendo, en el Hipódromo Chile. Cuando estaba amaneciendo me aposté en el techo y observé con anteojos. De pronto vi cuando salió por la claraboya uno de ellos, corrió por el tejado, pero alguien le disparó y lo hirió, cayendo sobre el zinc. ¡Estaba muerto!

—*Ese hombre iba con una bandera blanca en la mano.*
—¡No es cierto! Eso es un cuento. No iba con ninguna bandera. Lo que llevaba era un revólver. Es que ahora son todos tan buenos, que parecen ángeles... En el lugar había una gran tensión. Se escuchaban disparos de arma corta, como metralletas o armas de puño. La salida de este individuo fue de repente y previamente no mostró ninguna bandera como usted dice.

—Retomando el momento en que el presidente Allende lo nombró comandante en jefe, ¿le resultó violento aceptar el cargo?

—No.

—Le pregunto porque mal que mal ese cargo se lo estaba ofreciendo un mandatario que a usted, según ha dicho, le repelía.

—Como usted lo quiera llamar. Efectivamente, no era santo de mi devoción, pero yo no quedaba a las órdenes del señor Allende, había varios otros escalones antes de llegar a él.

EL GENERAL PRATS

—En 1972, cuando las Fuerzas Armadas entraron a ocupar cargos políticos, ministeriales, lo hicieron con el visto bueno del Generalato. ¿Usted estuvo de acuerdo con que las Fuerzas Armadas avalaran de esa forma al gobierno marxista?

—Nunca el comandante en jefe Carlos Prats nos consultó, o nos preguntó o nos informó. Lo que se diga en contrario no es efectivo. Nunca el mando resuelve por votos: actúa después de escuchar opiniones, pero quien resolvía era él. Mi pensamiento en esos momentos era que la nominación política era un error, pero eso sólo lo iba a decir si me lo preguntaban y no lo hicieron.

—¿Estaba o no estaba de acuerdo con eso?

—¡Cómo iba a estar de acuerdo!

—¿Cómo ve ahora la caída del general Carlos Prats?

—La veo con bastante claridad, porque al comandante en jefe Carlos Prats se lo comió el nerviosismo, la presión que se ejerció sobre él, la preocupación y lo peor fue que aceptó. Sabía que el Ejército no estaba conforme con su actuación junto a Allende.

—*¿Esa fue la conducta del general Prats?*

—No estoy seguro. Digo lo que pienso, pero no estoy seguro, porque no era sino su camarada y no su amigo íntimo. A lo mejor estoy pensando erróneamente.

—*Después del golpe, usted ya en el poder, envió al general Prats a la Argentina. ¿Por qué?*

—Perdóneme, pero no fui yo quien lo envió fuera de Chile; esa fue una resolución propia de él. Ahora bien, yo sabía que al general lo estaban molestando. Lo llamaban por teléfono en las noches, para insultarlo y amenazarlo, "te vamos a matar", y así todos los días. Efectivamente: era real que lo estaban molestando. Por ello le mandé un mensajero para hacerle saber que yo estaba dispuesto a ayudarlo en lo que él quisiera. "Mi general –le dije–, resuelva usted lo que desea hacer, dígamelo y yo le entrego todos los medios para que usted pueda viajar. Medios materiales, un automóvil, lo que sea". Cuando él recibió el mensaje respondió diciéndome que lo mejor sería irse a la Argentina, porque había sido Agregado Militar allá y tenía muchos amigos en ese país.

—*El general Prats partió en medio de una noche, como un fugitivo, sin equipaje, con la ropa que tenía puesta, sin llevar prácticamente nada más. ¿Por qué?*

—Eso es invento no sé de quién, pues su partida no fue en la noche. Eso no es así. Partió desde el aeródromo "Lo Castillo" a las dos y media de la tarde, después de almuerzo. Se embarcó en un helicóptero y ese helicóptero fue a dejarlo hasta el Cristo Redentor. Carlos se bajó y había un auto esperándolo. Ese auto lo llevó hasta la frontera; luego que atravesaron el túnel, al otro lado estaba esperándolo otro vehículo. Una vez que llegó a Buenos Aires me escribió una carta que guardo hasta el día de hoy, como testimonio de la forma en que actué con él.

En esa carta me agradece la ayuda prestada y está transcrita en mi libro *El Día Decisivo*. Si quieren se la muestro.

—*Cuando el general Prats estaba en Buenos Aires, manifestó que lo perseguían, dijo que temía por su vida y —según trascendió después— las autoridades chilenas se negaron a prestarle ayuda.*

—No es efectivo que se le negara prestarle ayuda. Yo era presidente de la Junta Militar en ese momento y le pedí al Ministerio de Relaciones Exteriores que enviara una comunicación al Ministerio de Relaciones Exteriores de la Argentina para que ellos otorgaran protección especial al general Prats, pues corría peligro.

—*Pero el hecho es que el general Prats pidió que lo ayudaran a salir de ese país, porque temía que lo mataran y esa ayuda no se le facilitó. ¿Por qué?*

—¿Pero quién cree usted que iba a facilitarle eso, si Carlos vivía en Argentina como una persona común y corriente? No estaba en calidad de rehén, ni como expulsado, ni como exiliado político. Él no era un exiliado, y tal como se fue a la Argentina se pudo haber ido a Brasil, al Perú, a Colombia.

—*Sin embargo, en sus Memorias, él consigna…*
—Yo conozco las Memorias —interrumpe Pinochet—. Y una parte de esas Memorias se agregó. Yo conozco la redacción de Prats, perdone que le diga, y conozco su estilo. Total, pudieron decir lo que ellos querían si él ya no estaba en este mundo.

—*Lo que se dice es que usted lo traicionó.*
—Jamás lo traicioné. No. Para actuar esperé que se fuera de la Institución, que dejara el cargo de comandante en jefe. Y me atrasé por eso mismo. Esa es una de las razones por las cuales me atrasé en actuar con el dispositivo en contra del

señor Allende. Yo tenía pensado actuar días antes del 11 de septiembre.

—El general Prats fue asesinado y luego, cuando lo enterraron, ni siquiera se permitió que fuera sepultado con los honores que correspondían a un excomandante en jefe del Ejército. ¿Por qué se actuó de esa manera?

—Oiga, no, perdóneme que le diga, pero eso no es verdad. Supe que lo enterraron aquí en Santiago, pero posteriormente.

—¿Por qué le negaron los honores?

—Honestamente no recuerdo el detalle. Si realmente fue así, fue un error. A un general de la República, comandante en jefe, no se le deja abandonado y si muere, recibe todos los honores y hay que enterrarlo así, como un hombre que entregó toda su vida al servicio de las armas en defensa de la República.

—¿Cuál es su interpretación del asesinato del general Prats?

—¡Sepa Dios quién lo mató! Eso me gustaría aclarar por muchas razones. Culpan que fueron los chilenos en Argentina, otros que fueron los fascistas. Es muy difícil de averiguar y mis investigaciones no han llegado a nada concreto.

—La versión más conocida es que ese asesinato fue ejecutado por la DINA, que en la muerte del general Carlos Prats estaba la mano de Michael Townley –agente de la DINA–, quien puso la bomba que asesinó a Orlando Letelier en Washington. ¿Qué dice usted?

—Siempre repiten lo mismo, que la DINA es culpable. Creo que el Gobierno arbitró medidas dentro de sus posibilidades para proteger al general Carlos Prats. Sin embargo, yo no tengo mayores antecedentes. En todo caso, pienso que la muerte de Prats fue algo vil y perverso.

—Para usted era una molestia el general Prats.

—No. Ninguna molestia. Todo lo contrario. Éramos camaradas de armas con Carlos Prats; pese a que nos habíamos distanciado después del 11 de septiembre, yo siempre le guardé mi afecto.

—¿Ha vuelto a tener contacto con la familia del general Prats después de su muerte? ¿Ha intentado hablar con ellos?

—No. ¡Qué le voy a decir a la familia! Ya ve que la familia busca un chivo expiatorio y para ellos ese soy yo.

—Un último detalle que me interesa. Usted dijo que el general Prats había sido seducido por ciertos aspectos del poder. Que había sido seducido por Allende.

—Sí, dije eso, pero también agregué una frase: "Todo puede ser un juicio sin base". Agregue esa frase, no se olvide.

—Sí, pero dentro de su juicio, o de sus prejuicios, ¿cree que el general Prats estaba políticamente inclinado a favor del gobierno de la Unidad Popular?

—El general Prats pudo sentirse tocado en ese sentido. Yo supe por corrillos que le habrían dicho o mejor habrían informado a él que sería el futuro presidente de Chile. Él puede haberse sentido hasta tentado por eso. El señor Allende era muy hábil. Y en esa forma lo fue cercando y lo nombró vicepresidente. Eso se llama, con licencia del lenguaje, pupila. Perdonen que yo sea medio campechano para expresarme, pero yo soy así y no voy a cambiar nunca. Pupila llaman a lo que tuvo Allende para hacer diabluras a futuro.

EL GOLPE

El 11 de septiembre de 1973 ha quedado grabado en el alma de miles de chilenos como uno de los días más dramáticos en la última historia del país. Pero también es cierto que otros miles celebraron la caída del gobierno socialista y recibieron a los militares como quien recibe a una hueste salvadora.

Entre las once y las doce de ese día, mientras una decena de hombres y mujeres abandonaban La Moneda con las manos en alto, el presidente Allende dejaba la vida en un salón de este palacio. Han pasado dieciséis años.

Los cuatro miembros de la Junta de Gobierno
que controlan el poder total en el país.

—*General, en su libro* El Día Decisivo *usted contó detalladamente su versión sobre el 11 de septiembre de 1973, pero hay cosas que resultan interesantes escucharle ahora, con la perspectiva del tiempo. Suele decirse que no fue usted quien organizó el golpe sino el Almirante Merino. ¿Fue así o no?*

—Bueno, yo no voy a discutir si fui yo o el Almirante Merino, o Leigh o Mendoza. Pero, en primer lugar, el Ejército se mueve muy pesadamente. El Ejército no es como una máquina donde se pone contacto y parte o toca una sirena y todo se alista. Yo tenía que mover un Ejército desde Arica a Punta Arenas. Cuando estudiábamos las posibilidades preguntábamos: ¿Qué me podía pasar en lugares como Talca, Calama u otro donde las tropas no actuaran? Era posible que hasta allá llegaran aviones de la Aeroflot trayendo soldados cubanos. En ese caso habríamos tenido una guerrilla dura que combatir. También podría haberse producido un desembarco de cubanos en la zona sur. Ustedes preguntarán, ¿qué tiene que ver todo esto con el golpe?

—*Efectivamente.*

—Es que hay que comprender que el Ejército cubre todo el territorio y se mueve por órdenes que conoce con antelación el Mando, por ello, les digo: ¿qué sucedía si alguna unidad no cumplía o desconocía las órdenes? Ya les dije que los mercenarios tenían un general –o, a lo mejor, varios generales–. Por eso había que hacer esa clase de apreciaciones; estaba dentro de lo posible. Había que tomar en cuenta esos aspectos. Todo era muy complejo. Había que sacar órdenes, disposiciones, estar alerta. Había que hacer cálculos para la entrega de municiones. Esto se lo digo para que comprendan la complejidad de las situaciones que tiene el Ejército. Ahora había que entregar el armamento, los fusiles, pero no sólo los fusiles. También era necesario entregar las municiones. Haciendo un cálculo cronométrico, usted se demora entre dos minutos y medio y tres minutos y medio por cada hombre, en el reparto de munición. Se entrega a hombre por hombre. ¿Cuánto tiempo tarda si va a entregar munición a cien hombres? Trescientos minutos. En esos trescientos minutos, imagínese cómo se puede correr la información tomando en cuenta la cantidad de hombres que reciben munición, y una información así le indica lo que va a pasar. Entre tanta gente se podía filtrar el dato y se podía acabar toda la acción. Se habría terminado todo por lo menos en dos o tres unidades. Yo tenía que buscar una fórmula para que todo se hiciera en la forma más discreta posible.

—¿Fue por esa discreción que los oficiales de la Marina han dicho que ellos no sabían que usted estaba preparando el golpe?

—Yo no le avisé a la Marina. Ustedes preguntarán por qué no les avisé: porque teníamos una triste experiencia, pero algo le dejé pasar al almirante Carvajal, que me imagino le dijo a Merino.

—Y a Carabineros tampoco le avisó.

—No, porque ellos son de Seguridad y Orden Interior. Además, desde la Dirección General de Carabineros se disparó en contra de las tropas en el "tanquetazo". Sin embargo, después se les hizo participar.

—En todo caso, la versión conocida dice que el "sábado antes del martes 11 de septiembre el almirante Merino le envió un mensajero y ese mensajero le dijo a usted que debía firmar un documento donde se comprometía a participar en el golpe. Es decir, el almirante Merino aparece como la persona que determinó la realización del golpe y la fecha del mismo.

—Y así fue en realidad. El almirante Merino pidió que se anticipara el Golpe. Ello lo relato en el mismo *Día Decisivo*. Pero si yo no hubiera estado preparado, ¿ustedes creen que habría sido posible mover las tropas en veinticuatro horas?

*—Lo que no se comprende bien es cómo pudo realizar seme-
jantes preparativos sin que nadie lo advirtiera.*

—Se actuó con personal juramentado, todo se encubrió
bajo un "juego de guerra", y mediante él se prepararon los planes.
Con planes, órdenes, disposiciones y una completa preparación
militar. Recuerdo que lo primero que cambié fue un "dispositivo
estático" que se ocupaba en lugares específicos con las tropas a un
dispositivo móvil, donde las tropas se podían desplazar.

—¿Cuánto tiempo demoró en los preparativos del Ejército?

—El Ejército tardó prácticamente entre nueve meses y
un año. Fue largo, porque había que saber elegir a la gente. Uno
no sabía si esa persona a la cual se le estaba dando una misión
era confiable o no.

MAÑANA: LA MONEDA

—¿Quién fue su brazo derecho en el Golpe?

—El general Hermann Brady. Los demás fueron llegan-
do después o se unieron cuando ya se había comenzado. Es
decir, estábamos listos para empezar... El día diez, en la mañana, llamé a los comandantes de división y les dije: "Miren,
caballeros: mañana nos tomamos ese edificio", y les mostré La
Moneda. Nada de preguntarles, están de acuerdo conmigo o
no están de acuerdo conmigo. Yo di las órdenes y nada más.
En esta forma: "¡Usted, primera división!", "¡Usted, segunda
división!", "¡Usted, agrupación tal!", "¡Usted, con los tanques!",
"Es que los tanques no funcionan". "¡Los hace funcionar! So-
luciónelo con líquido de máquinas de coser y con ello llene los
resortes de recuperar, llene con gasolina los estanques, aceite
los cañones...". Así funcionamos. Así lo hicimos.

»Todo eso se pensaba hacer el día viernes, tres días más tarde, cuando se realizara la revista preparatoria de la Parada Militar. Lo pensé así porque de esa forma se podía justificar la entrega de municiones y de armamentos. ¡Cómo iba a justificarlo si no lo hacía ese día!

»Pero —continúa su relato—, tal como les decía hace un rato, Merino se adelantó temiendo que la gente de la Marina se sublevara y que hicieran las cosas por su cuenta. En vista de eso, yo me apuré también. Y gracias a Dios se produjo algo que salvó la situación con el ministro de Defensa. ¿Saben ustedes quién la salvó? Es al señor Carlos Altamirano a quien hay que darle las gracias, pues un discurso suyo en Valparaíso precipitó el momento. Después del discurso me dije: Aquí no queda otro camino que estar alistado. Me dio una excelente excusa. Este señor estaba arengando a la gente para que se sublevara y si salía la poblada a la calle había que estar preparado y atento. "Yo voy a armar a mi gente", le dije al ministro, y así justifiqué la entrega de armamento y munición.

—*Me imagino que aparte de derrocar al gobierno de Salvador Allende su objetivo era tomarse el poder.*

—Tomarse el poder —repite—. Tomarse el poder que no vale nada... ¿Saben cuándo vine a quedar en el poder? Les voy a contar cuándo. Fue ese mismo día del golpe. El mismo once. Estábamos peleando en la mañana y se me acerca un oficial y me dice: "Mi general, aquí está llamando el señor Frei, y dice que si usted lo necesita está en el teléfono tal, tal y tal". Una hora más tarde, llama de nuevo. "Habla Frei. Dígale al general Pinochet que me voy a cambiar al teléfono tal, tal y tal. Si me necesita para algo me puede encontrar en ese número". Cuando llamó por tercera vez, le dije al oficial: "Dígale al señor Frei que no me interesa. Aquí estamos actuando nosotros solos". Ahí fue cuando me di cuenta de que lo que perseguían los democratacristianos era la lucha del poder para ellos, para la Democracia Cristiana.

—*Y entonces pensó que era mejor el poder para usted.*

—Ahí pensé por primera vez en el poder, pero no el poder para mí. Lo que pensé fue que los políticos lo querían para ellos. "Quieren tomarse el poder", pensé. Y reflexioné: si entregamos el poder ahora va a significar que antes de un año vamos a estar más podridos que ahora, porque los democratacristianos son especiales para podrir las cosas. Perdónenme si alguna de ustedes es democratacristiana, pero eso es lo que pienso.

—*Siempre se dijo, a partir del Bando Número Uno, que ustedes los militares iban a devolver la normalidad y la institucionalidad al país en el menor tiempo posible. Han pasado dieciséis años.*

—Es posible que ello haya sido un error que cometimos por estar preocupados de cómo se desarrollaban las cosas. En esos momentos yo nunca hablé de plazos, siempre de objetivos. Pueden ser errores que se cometen cuando no se tienen todos los antecedentes. Además, en esos momentos se estaba preocupado de otras cosas. Que la munición, que los tanques, que la artillería, "hay siete muertos, mi general, qué hacemos con ellos, adónde los llevamos". Llamen a la ambulancia. Y otros redactaban los bandos sin pensar demasiado lo que los bandos decían. "Aquí viene otro bando", me comunicaban. Y yo: "Ya, conforme".

—*¿Por qué se engolosinaron de esa forma con el poder? Se lo digo porque no se explica de otra manera una permanencia tan larga.*

—Creo que usted no aprecia el tiempo que hemos demorado en sacar al país del caos. Ahora le voy a decir lo siguiente. Y es importante. Lo que se pensó entonces, que también es válido para lo que está pasando en Chile ahora, fue que si el país quiere entrar a la democracia sin tomar el camino que corresponde, con autoridad, todo se va a derrumbar de nuevo y ello será peor que en los primeros meses del año 1973.

—*¿Está pensando actuar otra vez?*
—No, creo que mi misión política no es esa.

—*¿Estaría dispuesto a hacerlo si considerara que las cosas no caminan como debieran caminar? Le pregunto porque usted continuará siendo el comandante en jefe del Ejército.*
—Yo garantizo la existencia de las instituciones y no a los hechos contingentes que tiene toda nación libre y soberana.

—*Ya intentaron matarlo una vez. ¿Tiene miedo de que lo hagan de nuevo?*
—Muchas veces he sentido ese temor. ¿Usted cree que cuando voy a reuniones y veo caras poco amistosas y medio raras, no pienso: este fulano me puede pegar una puñalada? Muchas veces llego a pensar: cuando salga de esta pieza me pueden tirar un cuchillo.

—*Ahora va a dejar el gobierno y quedará desguarnecido. Será un blanco mucho más fácil. ¿Le da miedo?*
—Mire, ahora será mucho más difícil, ¡pero mucho más difícil! No piense lo contrario. No es tan fácil asesinarme y las consecuencias que eso acarrearía pueden ser muchas e imprevisibles.

LA MANO DE PINOCHET

Le gusta el tema del destino. Muchas veces se ha dicho que consulta adivinas, que cree en oráculos, que sabe de signos del zodíaco. Él lo niega.

—Pero alguna vez le habrán mirado las manos...
—Claro que me las han visto.

—A ver, muéstrenos su mano.
—Aquí la tienen —dice y estira la mano derecha—. Una mano grande, gruesa, firme. De soldado.

—Mírese la mano y diga cómo va a terminar su vida. ¿Terminará en la cama, viejo y chuñusco? ¿Cómo lo ve en mano?

(Observa atentamente su mano)

—Les cuento lo que veo aquí. Termino viejito ya. Miren, ¿ven? Es larguísima la línea de mi vida.

—En la línea de su vida no aparece el atentado...
—¿Cómo que no aparece? Aquí está, ¿ven? —advierte y señala un punto en la línea.

—Hombre de pasiones. Eso se ve aquí...
—Oiga, pero usted parece que sabe de estas cosas. ¡Hombre de triunfo también! Miren.

—¿Dónde está ese triunfo?
—Aquí. Esto significa triunfo —dice y dobla un dedo.

"A ver , General, muéstrenos su mano".

—*¿Se siente predestinado?*

—Creo en el destino como el camino de la vida. Yo podría haber muerto muchísimas veces. Ya les conté que cuando niño me arrolló un coche, pero me han pasado muchas otras cosas...

»Una vez veníamos a Santiago desde Arica en avión con mi madre. A la cuadra de Iquique me di cuenta de que algo le pasaba al avión, por los golpes que se producían en el paso de la gasolina. Se lo dije al mecánico, pero él no le dio importancia, sólo me explicó que era una gota de agua que tenía la gasolina y que al pasar se producía una explosión. Al poco rato, otra vez la explosión. Llamé de nuevo al mecánico y le pedí que le dijera al piloto que aterrizáramos en Iquique, ya que íbamos pasando frente a Los Cóndores, donde estaba el ingeniero aeronáutico, comandante Vega, que era buen profesional. Bajamos y pedimos que se revisara el avión, porque las explosiones daban mala espina. Menos mal que me escuchó y me hizo caso. Aterrizamos. Vega revisó los motores y nos informó. ¿Qué había pasado? Al apretar un filtro con un destornillador eléctrico quedó mal ubicado y se achurrascó y por ahí no pasaba una gota de bencina, sino que era un chorro. Cuando Vega vio eso, nos dijo que si hubiéramos volado media hora más ese avión se habría incendiado.

»Otra vez antes de la Semana Santa. Me invitan a viajar a Arica, traté de cambiar las clases que tenía que dictar ese día. Mi viaje al norte a pasar los días de Semana Santa allá, era para traer el resto de mis cosas que aún estaban en Arica y que las podía embarcar en esos días, pero no pude cambiar esas horas de clases. Bueno, resulta que el avión donde iba a embarcarme se cayó en Batuco al desprenderse un motor. Murieron todos.

»En otra ocasión estaba yo en Ecuador y era amigo de una persona con una gran fortuna. "Oiga, compadre —me dijo—, ¿por qué no nos vamos a Guayaquil a pasar este fin de semana que viene largo?" Le dije que la idea me parecía buena. Pero otra vez tenía que cambiar unas clases. Voy donde mi general Manso y le digo si puedo cambiar esas clases para ir a Guayaquil. "Mire, señor —me responde él—, los oficiales chilenos no cambiamos clases, así es que usted esto no me lo ha dicho". Y no fui a Guayaquil. El lunes, cuando mi amigo regresaba a Quito del fin de semana, se estrelló el avión debido a la neblina. ¡Todos muertos! Yo me salvé. Otra vez estaba en Bucalemu. Me invitaron a ir a La Serena en avión. Cuando estaba todo preparado surgió un problema y decidí cancelar la invitación. Estaba de vacaciones. En la pista me habían preparado ocho bombas vietnamitas para cuando el avión aterrizara... Me salvé otra vez.

EL GOLPE Y EE.UU.

Dice que Estados Unidos ayudó a su gobierno "quedándose callado, no interviniendo en los organismos financieros".

—*¿Qué intervención tuvo Estados Unidos en el Golpe del 73?*

—Ninguna —contesta con la voz tonante, categórico—. Nunca tuve contacto con ningún norteamericano. Lo juro por la memoria de mis padres. ¡Jamás! Tenía amigos allá, pero nuca tomé contacto con nadie.

—*Pero la derecha chilena sí recibió ayuda del Departamento de Estado.*

—Eso yo no lo sé, pero es posible que fuera antes. Cuando vino el cambio de gobierno, no ayudaron en nada.

—*La Comisión Church comprobó, ante el Senado norteamericano, la ayuda a Chile, particularmente el financiamiento para la huelga de los camioneros.*

—En esa parte no me pronuncio. No tengo constancia. Sería juzgar como juzgan algunas personas, livianamente... No tengo idea de los camioneros. Nunca tomé contacto con ellos hasta 1973, después del 11 de septiembre.

—*¿Cómo entiende usted el fenómeno del gobierno norteamericano apoyando después a la oposición chilena, siendo ese un país tan anticomunista?*

—El Departamento de Estado es un organismo pluralista. Plura-lis-mo —repite remarcando sarcásticamente cada sílaba—. Esa palabra que les gusta tanto a ustedes. ¡Segundo! Hay algunos senadores o diputados cargados para la izquierda o creen que con la izquierda van a sacar alguna ventaja. ¡Tercero! Los refugiados tenían amigos allá. Hay un montón de gente marxista que está contra todo lo que sea democracia, pero que hablan tanto de la democracia que parecen demócratas. Y lo otro, que no pueden ver a las dictaduras y creen que esta es una dictadura.

—Pero han apoyado y sostenido a varias. ¿Por qué razón piensa que no intentaron derrocarlo a usted?

—Porque se dieron cuenta de que el país estaba bien. A la semana vino Vernon Walters... Yo lo conocía desde Ecuador. Y él sabía que yo era demócrata, aunque ustedes no lo crean.

—¿Demócrata?

—Soy democrático, pero a ¡mi! manera —contesta con fuerza mientras toma un vaso de yogur natural con mermelada dietética—. Mire que la democracia depende, pues. Una novia puede ser muy linda si es joven y puede ser muy fea si acaso es vieja y chuñusca, ¡pero es la misma novia! Hay una gama de escalones muy variados.

—Lo cierto es que su gobierno no tuvo el visto bueno del Departamento de Estado.

—Primero se quedaron callados y después... Repudio.

—¿No le parece que la forma como usted gobernó fue decisiva en esa falta de apoyo? Hechos como el asesinato de Orlando Letelier en Washington, ¿no cree que influyeron en ese repudio?

—No puede usted relacionarlo con este gobierno —replica con voz dura.

—Todo el mundo lo relaciona con este gobierno.

—Porque todo el mundo está influenciado. Es cuestión de pensar un poco cómo hoy todo lo sucedido es culpa nuestra y los buenos fueron atacados por los malos. Cuando mucha gente nuestra fue dada de baja el 11 de septiembre.

—*¿Cuánta?*
—El día 11 de septiembre hubo exactamente en el Ejército 318 bajas: 101 muertos, 171 heridos graves, 46 heridos leves.

ESE "ONCE DE SEPTIEMBRE"

—*Cuando usted piensa en el 11 de septiembre de 1973, ¿cuáles imágenes se le vienen a la mente?*
—Ahhh —suspira Pinochet—. Los momentos de tensión que se vivieron.

—*¿Temores?*
—Claro que tenía temores. Temía que hubiera descoordinación para mover todo el Ejército, porque mover el Ejército es cosa seria. Había lugares en que yo tenía mis dudas, como le he dicho. O que hubiera una reacción brutal, lo que significaba el inicio de la guerra civil.

—*En cuanto a imágenes...*
—Esa noche estuve en vela. Sonó el teléfono, lo levanté y lo descolgué. Yo estaba en mi casa, solo. El auto que pasaba todos los días, de amanecida, no pasó... Otra cosa que se me viene a la mente: al otro día, cuando salí en la mañana al puesto de mando, a la llegada el ayudante me dijo: "Mi general, yo no participo en esto". Mi reacción fue ¡meterlo preso!... La imagen de mis nietos cuando me fui a despedir de ellos; en fin, hechos que se graban aisladamente.

—*¿Y La Moneda incendiándose, no?*

—De las acciones de ese día me acuerdo cuando estábamos desarrollando el combate; cuando una unidad estaba detenida. "¿Por qué no avanzan?"... "Porque estamos bajo el fuego". "Apoye con los tanques..." —mientras habla así, da la impresión de que se han borrado dieciséis años en un segundo y de pronto parece oírse el tableteo de metralletas en el gran comedor del Palacio de La Moneda—. Enseguida —continúa evocando— el señor Allende me ofrecía que nos reuniéramos aquí. Y yo le dije: "¡Por ningún motivo nos reunimos en La Moneda!"

—*¿Qué habría pasado si se hubieran reunido aquí?*

—¡Nos meten presos, pues, señoras! No somos ingenuos. El famoso diálogo que tanto les gusta a algunos que andan con sotana. ¡El diálogo! —la mirada se le pone pétrea—. ¡El diálogo! Se vuelven locos. Palabra talismán, como la llamo yo. Porque en el diálogo cede usted y cedo yo y ahí no era problema de ceder.

—*¿Y no es bueno eso?*

—Es malo según la naturaleza de las circunstancias.

¡UNA BOMBA Y SE ACABÓ!

—*¿Ha pensado alguna vez que el golpe pudo ser menos cruento?*

—Pudo haber sido muy cruento si se hubiera producido lo que habían dicho: que iba a salir el pueblo armado. Hubiera habido una revolución.

—*Pero, en todo caso, ¿no cree que usted, como militar, pudo haber controlado la situación de modo que hubiera sido menos sangriento?*

—Ah —suspira otra vez—. Yo las quisiera ver a ustedes combatiendo. A ver si se puede evitar que el combate no sea cruento... ¿Por qué no se trató que la batalla de Stalingrado fuera menos cruenta? ¿No creen que por ambos lados trataron de evitarlo? Siempre se trata de que sea lo menos sangriento posible... ¿Por qué creen que se bombardeó La Moneda? Porque aquí se estaban anidando los tipos del GAP. Cuando entraba un soldado le dispararon. Al general Palacios le hirieron la mano. Estaban tomando posición para crear un alcázar aquí. Por eso se lanzó un bombardeo. ¡Una bomba y se acabó el problema!

—¿No lo pensó dos veces?

—En el combate no se piensa dos veces. Si se piensa dos veces está perdido. Es como cualquier lucha. Se medita, pero ¡antes!

—¿Había considerado, antes, bombardear La Moneda?

—Era una posibilidad de la que se habló, pero no se ordenó.

—Mientras se incendiaba este Palacio, ¿pensó en algún momento que se estaba rompiendo dramáticamente una tradición democrática tan larga como la chilena?

—¡Qué democracia se estaba rompiendo! Ese es un cuento que me traen aquí, al "apriete". ¡Miren la tradición democrática que había! —dice con sorna—. El señor Allende hacía lo que quería: el Senado no era respetado. La Cámara de Diputados, tampoco. La Contraloría rechazaba los decretos y le mandaban decretos de insistencia. La Justicia... ¡Los trataban de viejos tales por cuales! ¿A eso lo llaman democracia? ¿Esa es la democracia que les gusta? ¡A mí esa forma no me gusta! Palabra de honor.

EL ENEMIGO RENDIDO

—¿Usted dio, en algún momento, la orden de que fueran clementes con el enemigo rendido?

—Al que estaba rendido, se le tomaba prisionero y se le trataba lo más humanamente posible.

—¿Lo informaron de que hubo simulacros de fusilamientos de prisioneros en la Escuela Militar y en el Estadio Nacional?

—Mire, a mí no me llegó nunca ese cuento. Y yo no soy amigo del que se chopea, perdone la palabra, hablando de alardeo ni por uno y otro lado.

—¿Qué quiere decir?

—De show. Nosotros, los militares, llamamos chopearse a los que les gusta hacer demostración. Y yo soy enemigo de eso: nunca me ha gustado. Ni nunca me contaron un cuento así. Cuando uno hablaba de que había pegado una "apretada"–una apretada no significa pegarle ni matarlo, sino tenerlo de pie, por ejemplo–, yo llamaba la atención y no lo aceptaba. Decía: "¡Está mal eso! Si usted aprieta, no lo diga, pues no lo debe hacer; pero si llega a cometer el error de hacerlo, ¡no lo diga para chopearse!"

—¿Lo informaron de los fusilamientos sin juicio que se efectuaron esos días? En los cordones industriales, por ejemplo.

—Eso sí que no lo supe. De eso le puedo dar mi palabra. No supe de esos famosos fusilamientos de que habla usted. De combates de patrullas sí que supe.

—Pero después habrá sabido que hubo fusilamientos sin juicios de ninguna especie.

—Nunca. ¿Cómo se le ocurre que iba a aceptar que me fusilaran a la gente por amor al arte? Si yo soy militar, no soy de la tropa SS. ¿Cómo iba a aceptar que me dijeran "fusilamos a un prisionero"? ¿Con qué derecho? El tipo estaba rendido... Tenemos una formación distinta nosotros a la que usted se refiere.

—Por eso le pregunto. En la guerra existe un Código de Honor...

—Hay un Código de Honor que se aplica como principio ideal, pero los hechos no siempre permiten respetarlo. En la acción no se respeta nada, señora. Porque las tropas vienen enardecidas. ¿Respetaron el 91 a los que cayeron? Vienen enardecidos por el combate. Y el soldado o el combatiente no se detiene en disparar pese a que muchas veces los oficiales tratan de detener el combate. Los otros también disparan, ¡es una lucha! ¿Se va a quedar mirando, diciéndoles: "Vengan para acá, hijitos"?... Se inventaron muchas cosas, como lo del río Mapocho rojo de sangre.

—Nunca fue entregado el cadáver del exdirector de Investigaciones Eduardo Paredes, por ejemplo. Al cantante Víctor Jara le cortaron los dedos de las manos...

—Esos cuentos son muchos y confusos. ¿Por qué? Porque nunca se encontraron cadáveres de algunos de los caídos en la lucha. Desaparecían todos.

—En las mañanas se veían cadáveres en el río Mapocho. ¿Los vio usted?

—¿Y usted los vio?

—Sí. Tres o cuatro, por lo menos...

—Usted debe tener una vista muy especial. Tres o cuatro, cuando estaban peleando veinte mil fulanos. ¿Qué le parece?

Al margen del aspecto humanitario, si me dice que en un grupo de veinte han caído tres o cuatro, ahí le creo que es mucho... Cuando combatían varias decenas bajo intenso fuego, tantas bajas nuestras, ¿y del otro lado?, ¡nada! o ¡ninguno! Se los llevaban y a lo mejor ahí estaban los cadáveres de que usted habla. Ellos los tiraban en la noche al río Mapocho.

NACE LA DINA

—¿Fue suya la idea de crear la DINA?

—Yo no tengo paternidad en ese aspecto. Eso nació de una necesidad. Ahora si ustedes me la quieren colgar a mí, se lo agradezco mucho.

—¿No cree que fue un error?

—En toda acción lo primero que hay que tener es información y hay que buscarla. Pero ustedes están buscando el error. Todos los gobiernos que he conocido han poseído este órgano, como lo he dicho antes.

—¿Usted era amigo del general Contreras?
—Sí. Claro. Era subalterno mío.

—¿Por qué le pareció la persona más adecuada para dirigir la DINA?

—Porque era especialista en Inteligencia. Me pareció que era el hombre indicado para ponerlo a cargo de una actividad que es neta de Inteligencia.

—*Es sabido que la* DINA *no sólo realizó actividades de Inteligencia... También realizó actividades represivas. Creó centros de detención. Eso no es labor de Inteligencia. ¿Qué es eso?*

—Posiblemente sea así. No puedo decirle ni sí ni no.

—*¿Cómo? Usted ha dicho que no se mueve ni una hoja sin que usted lo sepa.*

—Me faltó la palabra "gobierno". "No se mueve una hoja en el gobierno sin que yo lo sepa", y esto lo dije porque todos los secretarios de Estado me informan permanentemente de lo que ocurre en sus áreas. Pero ustedes los periodistas están a la pesca del gazapo para tomarse de él.

—*La* DINA *era un organismo del gobierno.*

—Era del gobierno, pero estaba bajo la conducción del Estado. Yo no sabía qué estaba haciendo con respecto a su trabajo. Cuando dije eso, me refería a los sucesos dentro de la administración del Estado. Además, esa frase fue posterior.

—*Pero usted sabía de los centros de reclusión en la calle Londres, en Borgoño, Tres Álamos, Cuatro Álamos, Villa Grimaldi, cuarteles...*

—Sabía que había cuarteles y armas en esas partes y autoricé al presidente de la Corte Suprema, señor Eyzaguirre, para que fuera a visitarlos. Lo mismo hice con las autoridades de la Cruz Roja. ¡Se olvidan de eso! —contesta francamente molesto.

—*¿Su conciencia está tranquila?*

—Muy tranquila. No tengo ningún cargo en mi conciencia. Tendré pena por otras cosas... Me puedo preocupar por un nieto, por mi mujer, por mis hijos, pero tengo mi conciencia limpia de lo que usted dice.

—¿El general Contreras era autónomo o debía obedecer órdenes suyas?

—Miren, señoras, el trabajo de Inteligencia es un trabajo centralizado, con ejecución descentralizada. El jefe de servicio le entrega a uno la información. Pero uno no está planificando las cosas con ellos. Hay escalones. ¿Se imagina que yo fuera a mandar la artillería? ¿Que fuera a mandar a las Fuerzas Especiales? Es problema de los escalones subalternos.

De repente rompe –con una broma– la tensión ambiente. "¡Cómo se prepararon! –comenta riendo–. Parecen de la policía".

—El Decreto con que se creó la DINA contenía artículos secretos. ¿Por qué?

—Dígame una cosa: esos quince mil extranjeros que estaban en Chile, ¿estaban haciendo juegos de adivinanzas? ¿Qué me dicen de esa gente? No me dicen nada.

—Lo que quiero saber es qué tipo de información tenía usted acerca de la existencia de lugares como Villa Grimaldi, Dos Álamos, Tres Álamos...

—Yo no fui a verlos, pero pedí a las autoridades y organismos confiables que concurrieran. Autoricé a un ministro de la Corte Suprema para que fuera. Él visitó todo y no encontró ninguna novedad. Autoricé a Naciones Unidas, a la Cruz Roja. Un día autoricé a una hija mía, porque había escuchado hablar al señor Jaime Castillo Velasco. No encontró ninguna anormalidad. Los organismos tampoco encontraron nada y me lo informaron.

—En esos campos de detención se torturaba.
—Yo no sé, pero ustedes están repitiendo los mismos rumores que conocieron como cuentos. Yo no acepté antecedentes

sin base. De alguna parte han sacado ustedes todo esto. Estuvieron investigando por ahí y le preguntaron a algún malintencionado, ¿o no?, para que me lo preguntaran o mejor me acoplan a mí esos cuentos.

"COSAS DE LA INQUISICIÓN"

—*Respecto de la tortura, General, ¿la justifica en algunos casos?*
—No. Jamás la he justificado.

—*¿Ni para obtener información?*
—Menos para obtener información. Ahora, ¿qué llaman torturar y a qué tipo de tortura se refieren?

Pinochet estampa su firma en la Constitución del 80.

—*A la aplicación de corriente eléctrica en el cuerpo, a meter la cabeza del interrogado dentro de baldes con agua, a hacer llorar a la guagua de la prisionera en la pieza de al lado mientras ella está con la vista tapada y desnuda...*

—No lo justifico, ni la acepto.

—*¿Bajo ninguna situación?*

—Bajo ninguna situación.

—*¿Tenerlos durante semanas enteras, sin saber si es de día o es de noche, en unos hoyos?*

—No, tampoco acepto la prisión como lo hicieron los tupamaros con el embajador de Inglaterra en Uruguay o con el teniente coronel Carreño que secuestraron poco tiempo atrás.

—*Hay una gran cantidad de testimonios de personas a las que les pasaron estas cosas.*

—Esas cosas espantosas que me están contando... son cosas del siglo pasado. De la Inquisición, no de ahora.

En ese instante levanta la voz y vuelve a su estrategia de preguntar al interlocutor:

—¿Qué le parece a usted si hay una bomba en un hospital y usted sabe que fulano de tal está informado de dónde está la bomba? Y este le dice: "No le digo nada porque yo no sé". ¿Qué hace usted? Yo le pregunto ahora: ¿usted justifica?, ¿acepta que la persona diga: "No sé dónde está la bomba", y usted sabe que ahí van a morir inocentes y que no hay tiempo de sacar a los enfermos? ¿Va a quedarse esperando hasta que la bomba reviente?

—*Entonces, ¿quiere decir que las cosas en algunos casos extremos, usted como el que usted se acaba de imaginar, justifica la tortura?*

—En casos extremos tampoco se justifica la tortura.

RESPONSABILIDAD MORAL

—*Usted ha reconocido que se cometieron excesos.*

—Por ambos lados. Y al iniciarse la lucha. Pero poco a poco fue amainando.

—*¿Cuánto tiempo duró la lucha?*

—Pueden haber sido cuatro meses. Después vinieron cosas esporádicas. Ustedes generalizan: como cuando pillan fumando a un tipo y dicen "¡ay! que es fumador", y esa persona por primera vez fuma.

—*Admitiendo que se cometieron excesos, ¿qué responsabilidad moral, personal, asume usted?*

—Ninguna. ¿Qué responsabilidad moral puedo tener en un hecho que ni supe que estaba sucediendo? ¿Qué responsabilidad? Nada. No me consta que esas cosas hayan pasado.

—*¿Y esos testimonios que se han conocido? ¿Cree que son invenciones?*

—¿Cuáles testimonios?

—*Los de familiares de detenidos desaparecidos, los de personas que fueron torturadas.*

—El otro día, en Isla de Maipo me encontré con el siguiente caso que me contó una señora: un tipo que era un barrabás en la Unidad Popular. Cuando vino el 11 de septiembre, de repente desapareció. Lo dieron por desaparecido. Y hace cuestión de un mes atrás, regresó. La mujer estaba casada con otro... Así como ese, puede haber muchos casos.

—Pero hay personas completamente identificadas que fueron detenidas y están desaparecidas hasta el día de hoy. Esa es una realidad. Según las cifras de la Vicaría de la Solidaridad y de la iglesia Católica son 691 personas.

—Eso no me lo han dicho. ¡No lo creo! Póngalo así: ¡No lo creo!

—En 1973 desaparecieron 297 personas. Se logró esclarecer 52 casos; quedan 245. En 1974 hubo 221 casos; en 1975, 76 casos. En 1976, 118; el 77 fueron 23. Son datos que manejan la Iglesia, las Naciones Unidas, la Cruz Roja Internacional. ¿Niega usted que hay detenidos desaparecidos?

—Yo no lo supe en ese momento. Posteriormente supe que hubo desaparecidos. Entonces dispuse la investigación a organismos competentes.

Guarda silencio. De pronto, sorpresivamente, cambia de actitud:

—¿Este interrogatorio es para el libro? —Pregunta.

—Por supuesto, general. El tema de los Derechos Humanos es fundamental en su gobierno.

—Le vuelvo a decir. No tratemos los Derechos Humanos como un paquete a partir del 11 de septiembre de 1973. Eso es un error que no se lo acepto. Ustedes tienen que mirar hacia atrás: por lo menos hasta el año 1968. Y de ahí partir. Se asaltaban bancos, supermercados, mataron al intendente Jaspard Da Fonseca, ¿no se acuerdan? Iba pasando por una calle, en la noche, y de repente sale un auto y lo estrella, y de un solo

"El asesinato de Tucapel jiménez, ¿qué sabe de eso?",
fue una de las preguntas que incomodaron al general.

golpe lo matan al darle vuelta el auto. ¡Casualidad! ¡Un curado!
¿Eso creen?

*—¿Usted conoce, más o menos en detalle, lo que ocurrió en
Lonquén, por ejemplo?*

—No, pero he leído, y creo que puede ser factible, que
hubo un combate, una lucha y ahí parece que aquellos que
combatieron no encontraron nada mejor que meter a los muertos adentro de unos hornos.

*—¿Sabe usted, general, que esos campesinos estaban en sus
camas, adentro de sus casas y que los sacaron en la noche, en paños
menores, les llenaron la boca y las narices con paja, los lanzaron
dentro de los hornos y luego los taparon con cal viva?*

—¿De dónde sacó ese cuento?

—*Está en el proceso.*

—¡Ah, claro!, ¡los campesinos no hacían nada!... Yo no justifico los asesinatos, pero acuérdese, en tiempos de la Unidad Popular a una señora la violaron delante de sus hijos y luego ella se suicidó.

—*¿Los campesinos de Lonquén?*

—¡No! Otros, pero así eran estos angelitos que ustedes pintan como santos. Como le estoy contando: violaron a una señora delante de sus hijos, al extremo que esta señora después se suicidó. Y al teniente Lacampetre: lo asesinaron, sólo por matar. Eso no vale.

—*Pero en esos casos, general, ¿cómo procede actuar? Cuando se encuentra a culpables de delitos como ese, se los detiene, se los juzga y se los castiga de acuerdo con la ley.*

—Ya le dije: inicialmente hubo excesos. ¡También me mataron gente a mí, gente que no estaba combatiendo!

—*¿Y los tres profesionales comunistas que fueron degollados en el año 1985?*

—Ese cuento no me lo cuenten a mí. No tengo idea. Yo pedí que se investigara a fondo. El Gobierno no tiene nada que ver con ese caso. No tiene nada que hacer mi gente. No tiene nada que ver el personal nuestro.

—*Por ese caso, incluso, renunció un miembro de la Junta de Gobierno.*

—El general Mendoza dijo que se iba para que se investigara sin trabas. "¿Para qué te vas, hombre?", le dije. "Esto va a crearnos más problemas que otra cosa". "Me voy para que se investigue", dijo él. ¿Ustedes creen que él estaba metido? ¿Él?

—*No, pero un grupo de carabineros, de la DICOMCAR, sí.*
—No sé yo. No le puedo decir sí ni no.

—*El asesinato de Tucapel Jiménez, ¿qué sabe de eso?*
—Tampoco sé. No en la forma como ustedes quieren preguntarme: así como si estuvieran juzgándome. Sé del caso de Tucapel Jiménez y no puedo decir nada, salvo lo siguiente: que un fulano dejó una carta escrita diciendo que se suicidaba porque había matado a un chofer de taxi sin saber que era Tucapel Jiménez.

—*Después se probó que esa carta era falsa.*
—Ahí sí que ahora no le creo nada yo, pues no convenía que saliera ese asesinato por error, porque no iban a poder explotarlo publicitariamente.

—*Lo probaron peritos, técnicos, personas expertas.*
—¿Qué técnicos? Los mismos del otro lado... Se comprobó que se había suicidado, ¿o no? Por lo menos eso me dijeron a mí y no creo que me mientan tanto. Que la carta era falsa... Yo creo que se equivocan, en primer lugar porque esta gente hace una firma que la dibujan y no siempre les sale igual.

—*General, usted sabe cómo es la imagen que proyecta ante el mundo, ¿no es cierto? La de un dictador despiadado.*
—Ah, que soy un dictador... Tengo mi conciencia tranquila, ya les dije... No soy despiadado con nadie: todo lo contrario, cuando puedo ayudar a alguien, lo ayudo. ¿Que soy enemigo de los comunistas? ¡Soy enemigo de los comunistas! Y de los marxistas y de los gramscistas, también. Y que el mundo está dominado por los marxistas, lo sé. Entonces, han dado la vuelta al mundo diciendo que soy un dictador, un canalla, un bandido. ¿Sabían que el día 11 de septiembre en París

ya se hablaba de los "Derechos Humanos" en Chile? ¿Cómo lo sabían ese día? ¡Campaña montada y a todo tambor!

CÓMO APAGAR LA HOGUERA

Ahora saltémonos un poco en el tiempo...

Se relaja. Inclina la cabeza hasta el borde de la mesa. Parece que preguntara si el examen terminó. Y se ríe. Pulsa el timbre. De memoria, sin levantar el mantel para mirar bajo la mesa. Y aparece el mayordomo. "¡Ordene, mi general!" Pide jugo de naranjas y mira el reloj como de buzo que tiene. "Este me lo pongo cuando salgo a terreno". Otras veces usa un reloj de oro con la pulsera labrada. La perla en la corbata, siempre, y colleras también de oro, cuando viste de civil. Buen terno, buena corbata y buena facha tiene el general Pinochet. Y salud de fierro. Dice que duerme como niño, que nada de somníferos. Una hora de gimnasia antes de acostarse, masajes en el cuerpo y a la cama. Ahí lee, "un cuarto de hora, por lo menos".

—Usted es católico y la Iglesia Católica dice que sólo se reencontrarán los chilenos pasando por la justicia y la verdad. Usted, en cambio, amenaza con poner fin al Estado de Derecho si tocan a uno solo de sus hombres...

—¿Quiere que le diga cómo se hace la paz y la reconciliación? ¿Sabe cómo se apagan las hogueras? Nunca se apagan por parte. Se toma un balde de agua fría, se les echa encima y se acabó todo. Si usted deja llamitas chicas, se vuelve a encender la hoguera. ¡Así se apagan las hogueras! Después de la Guerra de Secesión, Lincoln dejó libres a sus enemigos y no los encerró en prisión. Decía: "No a los juicios, no a la horca, castigo para nadie. Ya terminó todo". ¡Eso se llama hacer reconciliación! Ahora los señores uruguayos no juzgaron a nadie. Eso es hacer reconciliación. Argentina... Argentina tiene mucho rato para reconciliarse. Ahora, con Menem, se ha demorado, y no hay reconciliación hasta el momento.

—¿Cuál es su fórmula, entonces?

—No preguntar si la leña que arde es encina, nogal, pino o eucaliptus, sino sólo echarle un balde de agua a la hoguera, ¡y se acabó el problema!

—Pero usted debe saber, general, que entre las personas que participaron en el atentado contra usted y que mataron a cinco de sus escoltas estaba el hijo de un detenido desaparecido.

—Y si la gente supiera que Pedro González o Sergio Urbina —va inventando nombres al azar— hizo desaparecer al padre de este fulano. ¿Creen que eso traería tranquilidad?

—Quiere decir que usted no cree en la justicia, general.

—No es eso lo que digo; no es que se deje de hacer justicia, señora. ¡Cómo se va a llamar justicia a esto! —golpea la mesa con los dos puños cerrados, serio el rostro, fría la mirada—. ¿Ustedes quieren que se mantengan los resquemores? ¡Conforme! Hagan la justicia manteniendo resquemores, que confiesen todos, como si estuvieran delante de un fraile o de un sacerdote. Que se confiesen. ¿Cree que van a recibir la absolución y la bendición papal? Lo que van a recibir es el repudio y la venganza. Y que venga otro.

—El que perdió a su padre, a su marido, a su hijo en la guerra sucia, ¿tiene que olvidarse, general? ¿No hay justicia para ellos?

—No era una "guerra sucia". Era el aborto de una guerra civil en cierne —rectifica—. ¡Tiene que olvidarse! ¡Tiene que olvidarse! De otra manera se transforma en una mesa de pimpón primero a un lado, luego al otro, hasta el infinito. Hay que dar un solo corte.

—*¿Y seguir viviendo sin saber siquiera dónde están sepultados sus restos?*

—¿Y qué se saca? Nada. Sólo abrir heridas.

—*General, esa gente que fue fusilada en el desierto de Atacama, cuando el general Arellano Stark partió al norte llevando una misión...*

—¿Cuál misión?

—*El general Arellano Stark fue enviado al norte como delegado suyo para acelerar los procesos.*

—Y volvió y me dio cuenta de que había visto los procesos y los había apurado.

—*¿Y?*

—Tengo entendido que hubo un proceso.

—*Entre esos muertos estuvo el periodista Carlos Berger, detenido por el delito de no haber acatado la orden de silenciar la radio que él dirigía el día del Golpe. Berger iba a salir en libertad al día siguiente. Cuando sus familiares fueron a buscarlo, ya no estaba. Lo habían fusilado.*

—¿Adónde? ¿En Calama?

—*Sí, general. Y la pregunta que uno se hace es si la fuerza puede impedir que se investigue un caso como ese.*

—Imagínese que usted logra saber que quien mató a su marido, a su padre o a su hijo fue Luis González. ¿Qué querría usted en ese caso?

—Que se lo juzgara.

—¿Y si sale libre?

—Será porque la justicia ya cumplió con su deber.

—¿Y usted cree que los afectados que piensan que es el asesino no tomarán represalias?

—No debieran tomarse represalias, si se cree en el Estado de Derecho y se cree en la justicia.

—Dios quiera que así sea. Pero yo me figuro que muchos van a tomar venganza por su mano al otro día.

—El propio general Arellano afirmó que no quería ser cubierto por la ley de amnistía si no se aclaraban los hechos.

—Es que Arellano no sabe, porque no ha estado nunca cuando juzgan a un caído: lo vejan desde que entra al Tribunal. Entra la persona, le sacan fotografías y, lo que es más grave, muchas veces lo llaman sólo para decir que fulano de tal fue llamado para ser juzgado. ¡Nada más que para eso! Pero la publicidad va a afectar muchas veces más a personas inocentes.

EL CASO LETELIER

—Y con Orlando Letelier, ¿qué pasó?

—Tampoco lo sé. ¿Ha leído usted algo de la CIA? ¿No se ha fijado cómo montan las operaciones? Yo tengo la convicción de que en el asesinato de Orlando Letelier no está la mano nuestra... ¡Fíjese usted: va el señor Fernández Larios! ¿A qué va? A Washington a saber la dirección de Orlando Letelier... Yo no gasto diez mil dólares en mandar a alguien a

Washington y sólo para eso. Bastaba con mirar la guía de teléfonos y se ahorraban los diez mil dólares... Y el otro, ¿cómo se llamaba? ¿Townley? ¿Qué asesino va dejando huellas por donde pasa?

—*Lo importante es que tanto el Capitán de Ejército Fernández Larios como Michael Townley trabajaban para la DINA.*

—Pero yo no sé nada de que el Capitán fuera el asesino; además, no leo la planilla de los integrantes de una organización.

—*¿Y qué cree? ¿Que lo hicieron los cubanos y la CIA?*

—Yo no juzgo nunca sin tener antecedentes y datos exactos; lo otro es sólo especular e inventar.

—*¿Consideraba a Letelier como enemigo de su gobierno?*

—Él estaba contra el gobierno. Pero los americanos lo consideraban para ellos como un espía de Fidel Castro.

—*¿Y qué dice usted de los testimonios incriminatorios entregados en Washington por el Capitán Fernández Larios?*

—¡No tienen ningún valor! Además, me pregunto cuánto le pagaron.

—*¿Por qué su gobierno no dio facilidades para aclarar el asesinato del excanciller Letelier?*

—Hemos dado todas las facilidades... Pero que no vengan a juzgar la gente de acá. Ya cuando la justicia terminó, se acabó el cuento y las especulaciones.

—*¿No le parece que los oficiales implicados debieron ser juzgados en Estados Unidos, puesto que el crimen se cometió allá?*

—¡Cómo! —grita realmente indignado. Y como si adivinara los pensamientos acota—: Perdónenme, tengo la cara

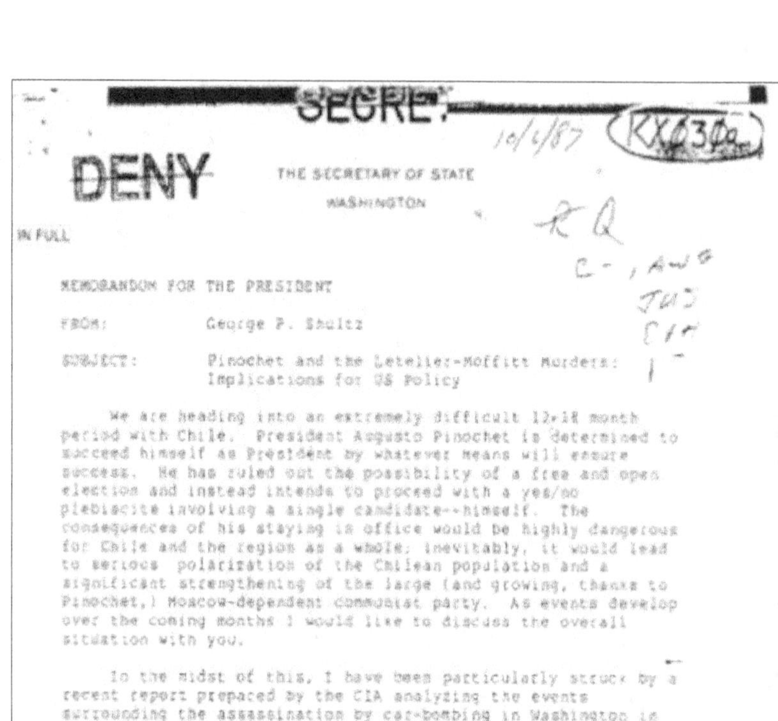

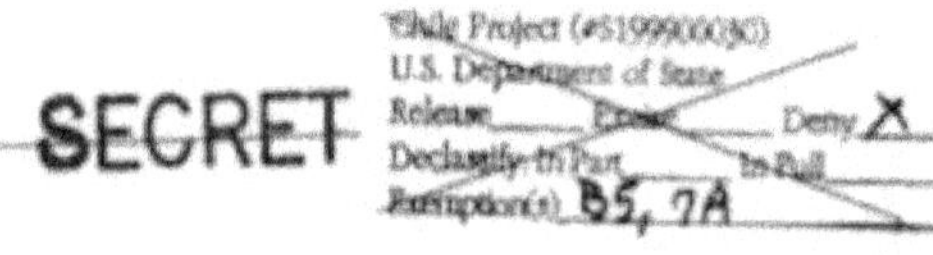

A pesar de sostener una nula participación en el asesinato de Orlando Letelier, este documento norteamericano desclasificado afirma todo lo contrario: Memorándum del 6 de octubre de 1987, enviado al expresidente Ronald Reagan por el secretario de Estado George Shultz en el que se citaban las conclusiones de la CIA que incriminaban directamente a Pinochet y su Gobierno en el asesinato.

hosca, pero no soy tan hosco —y sigue igual de molesto—. Perdóneme que le diga. ¿Por qué razón voy a entregar yo al jefe de la DINA a la justicia americana si fue juzgado aquí? ¿Por qué lo iba a mandar para allá? ¡Dígame! ¿Qué país –y no estoy hablando de colonias–, qué país ha entregado alguna vez a su jefe de seguridad a otro país? ¡Nunca, ninguno! Y aquí —la voz se le vuelve un murmullo—, claro, los "indios" teníamos que entregárselos a los patrones.

—*Se informó que usted le preguntó tres veces al general Contreras si había tenido alguna participación en ese crimen y que como él le había mentido usted ordenó un sumario interno. ¿Es efectivo?*
—Es efectivo que pregunté, no de la participación del crimen sino: "¿Fue alguien a Estados Unidos?" Me dijeron: "No". Tres veces. Y habían ido. Los dos que iban a ir, uno recibió una misión y el otro se enfermó, pero otros ocuparon sus pasaportes. Así fue la historia y no se trataba de Letelier el problema.

—*¿Qué haría con Fernández Larios si regresara a Chile?*
—Un sumario, por haber abandonado su cargo sin permiso.

—*¿Y cómo piensa que va a cerrarse este capítulo?*
—No soy adivino.

"¡NI UN PELO!"

—*Todos están de acuerdo en que no se deben juzgar a las instituciones sino a las personas que resultaran responsables.*
—Pero ¿no se da cuenta? Esos caballeros emplean las palabras livianamente. Porque, ¿quiénes forman las instituciones?

—*Las personas.*

—¡Conforme! ¿Y cómo forman las instituciones? ¡Juntándose! Pero la Institución es un solo bloque.

—*A ver, general. Si usted sabe que un soldado suyo cometió un crimen, ¿usted no permite que "le toquen ni un pelo"?*

—Ya les tocaron el pelo a los que nos hemos referido. Están amnistiados.

—*Entonces, cuando usted dice que no permitirá que le toquen a su gente, ¿se refiere solamente hasta el año 1978? ¿Y qué hay de las personas involucradas en atropellos a los Derechos Humanos desde 1978 en adelante?*

—Los casos de 1973 a 1978 están amnistiados... No se los van a sacar de nuevo para acá. Primero. Segundo, del 78 en adelante, si acaso hay algún juicio, lo vamos a ver nosotros primero.

—*¿La Justicia Militar?*

—Nosotros vamos a ver primero si vale o no vale la pena... Hay cosas que no soporto. Si hay un soldado que estuvo metido en el caso de los degollados ¡yo mismo lo meto a la justicia!

—*¿Justicia Ordinaria o Justicia Militar?*

—Justicia Ordinaria. Pero si me lo van a tomar para vejarlo, es distinto.

—*¿Cómo piensa impedirlo?*

—Ah, ese es problema mío. Y si no lo hago yo, lo hará otro; y si no lo hace otro, será otro.

—*¿Y si el Congreso levantara la ley de amnistía?*

—Ahhh. Eso pregúntemelo cuando pase.

DESPUÉS DEL PLEBISCITO

—¿Cómo ha logrado reponerse sicológicamente de la derrota que sufrió en el Plebiscito del 5 de octubre de 1988?

—Si yo no he estado amargado. ¿Me han visto alguna vez amargado? ¿Cuándo me han visto amargado? Soy hombre formado para el triunfo o la derrota.

—El 5 de octubre lo vio todo el país.

—Nada de eso.

—Usted mismo dijo que se sentía como un boxeador al que habían golpeado...

—Claro, me sentí golpeado, pero no amargado. Cansado, sí.

—¿Desilusionado?

—Es posible, pero también no se olvide que se enfrentó al mundo, que está desinformado, y a los señores sacerdotes partidarios de la Teología de la Liberación. Desilusionado, sí, no por la votación de Santiago, porque aquí hay mucha influencia y corre mucha plata. El norte me dejó desilusionado.

—¿Se sintió traicionado por su propio equipo de gobierno?

—No.

—¿Engañado?

—No.

—El general Matthei dijo que la noche del Plebiscito vino a La Moneda "para sacarle la espoleta a la bomba".

—¡Qué espoleta le iba a sacar! No lo sé, pues nadie tenía bombas.

—*La noche del Plebiscito, cuando el gobierno no entregaba los resultados, el general Matthei reconoció la derrota.*

—El gobierno iba a reconocer el resultado cuando lo tuviera, pues de otra manera habría entregado antecedentes falsos.

—*Si el tiempo retrocediera, ¿volvería a presentarse? Le pregunto porque usted se empeñó en ser el candidato único.*

—Ahí está equivocada: no me empeñé tanto. Tengo carta de un comandante en jefe en la que me dice que yo sería el más aconsejable... Yo no quería ese Plebiscito. Nunca me gustó. Siempre sostuve que jamás triunfa el candidato del Gobierno.

Afiche de la fracasada campaña electoral de 1988. El Plebiscito del "Sí" o el "No" se llevó a cabo para decidir si Pinochet seguía en el poder hasta el 11 de marzo de 1997.

SI SALE AYLWIN

—Ahora queremos hacerle unas preguntas livianitas.

—Ah —dice burlón—. Estamos en examen. Diga no más. La primera...

—¿Sueña usted?
—Poco.

—¿Suele tener pesadillas?
—Estas son preguntas como de adivinas.

—¿Cómo son sus sueños? ¿Se relacionan con la fantasía o con la realidad?
—Mis sueños son muy cortos, nunca se me repiten. A veces son premonitores. Y otras veces sueño con soluciones a los problemas de Estado.

—¿Se siente temido usted?
—No me siento temido. Ese es un error por no andar risueño. Un militar no puede andar riéndose. Mi mujer me dice: "Oye, por qué pones esa cara?"... "Porque así es mi cara", digo yo.

—A propósito de su mujer, se dice que ella lo manda a usted. ¿Es verdad?
—Claro —se ríe a carcajadas—; sí, cuando me manda a lavar los platos.

—¿En cosas de gobierno también?
—¡Cómo se le ocurre que me va a mandar! A mí no me manda nadie. Cada uno en su área. Nunca he aceptado el

mando de nadie. Ni de mi madre. Ahora, en la parte militar, uno obedece las órdenes, pero no en lo demás. Y como gobernante, con el poder que me dio el pueblo en 1980, he respetado la Constitución totalmente.

—*¿Es rebelde?*

—No. Hago las cosas que debo hacer. Y soy un hombre perseverante y las cosas las hago porque creo que son las mejores.

—*¿Le contaron ese chiste en que le preguntan a Pinochet quién va a salir el 14 de diciembre?*

—¿Y contesta que el Buin, el Tacna, el Coraceros? Lógico —se ríe—, para controlar el orden público... —Luego se pone serio y añade—: ¿Cómo cree usted que el Ejército va a ser tan torpe de actuar a la fuerza en el momento en que estamos viviendo?

—*Lo más probable, según los datos que se tienen, es que Patricio Aylwin gane la elección presidencial.*

—Si sale Aylwin, sale. ¿Qué le voy a hacer yo?

—*¿Cómo imagina usted ese gobierno?*

—¡Ay, Dios mío! A esa pregunta le respondo que no soy adivino.

—*¿Cree que va a ser un desastre o qué?*

—No sé. No quiero ser infidente con mis pensamientos.

El gobernante saliente Augusto Pinochet y el presidente entrante Patricio Aylwin ganador de la primera elección presidencial que se efectuaba después de veinte años.

MARZO DEL 90

—*Bien concretamente, ¿por qué razón quiere continuar en el cargo de comandante en Jefe del Ejército?*

—Mire, no es por vanidad que quiero seguir de comandante en jefe. Tampoco por comodidad, ni porque quiera pescarme de algo. No. Me podría ir tranquilo al retiro. Puedo ser senador vitalicio... Pero yo tengo gente en el Ejército, personas que pueden ser vejadas. Yo sé que cuando los políticos se meten en problemas, siempre hacen un doble estándar; suelen decir: "La culpa no es nuestra. Lo está llamando la justicia" —imita—. Toman una hebrita y principian a sacar más cuentos: zapatos, botellas, tarros, etc. Así al que entra al Tribunal no sólo lo vejan desde el comienzo, sino que el objetivo es sacarle fotos y más fotos aunque sea inocente; es para la publicidad.

—*O sea, cuando usted dice que no permitirá que su gente sea "tocada", lo que quiere decir es que no permitirá que sea "juzgada". ¿Correcto, general?*

—Yo lo que digo es que MI GENTE NO VA A SER TOCADA.

—*Lo que yo le pregunto es, si para usted "tocada" significa "juzgada"…*

—Puede significar muchas cosas… Seguro que ahora me van a decir: "Usted le tiene miedo a la justicia". No, señora. No le tengo miedo a nadie. Ustedes saben que he estado varias veces en las puertas de la muerte. Y no le he tenido nunca miedo a la muerte. ¡No le he tenido miedo a nadie! Yo voy a seguir siendo comandante en jefe para tener a mi gente protegida, porque creo que mi gente, por lo demás, está conmigo en un ciento por ciento y tengo que, a mi vez, estar con ellos ciento por ciento.

—*¿Y en ocho años más, cuando tenga que irse de todas maneras?*

—No sé cuánto tiempo me quedaré. Pueden ser ocho años, o seis, o cinco. Pueden ser tres años o dos, o uno. Depende de cómo vea la situación, de cómo me encuentre de salud. Porque voy a cumplir 74 años; aún soy un hombre ciento por ciento con todas las capacidades físicas buenas, pero no sé a futuro cuál será mi capacidad.

—*Pero tampoco es eterno.*

—Por supuesto que no y eso también lo sé.

»Para estar con mi gente y protegerla en cualquier momento y de cualquier cosa que le pueda suceder. Yo sé lo que ha pasado en muchas partes. Y he visto cómo principian a tirar la hebra, a sacar y sacar ¡y con la famosa jeringa de los "Derechos Humanos"!, que es un invento que hicieron los comunistas... A ellos no los tocaron nunca en la Segunda Guerra Mundial. Porque los principios de los Derechos Humanos vienen de Francia. Si yo también sé algo de historia. En Francia aparecieron los "Derechos del Hombre". Pero en la Primera Guerra Mundial no tocaron los Derechos Humanos, porque a los señores aliados no les convenía. En la Segunda Guerra Mundial, ¡tampoco! Salvo a los alemanes: a ellos los atacaban. Pero no tocaban a los rusos y nada dijeron de los asesinatos de los 10.000 oficiales en los bosques de Katyn. Cuando el frente ruso retrocedía un metro, a los soldados que habían retrocedido los fusilaban. Lean *Días y Noches de Stalingrado* y ahí verán cómo era la disciplina rusa en esta materia. Sin embargo, ahora, aquí, hablan de los "Derechos Humanos". Cuáles son los "Derechos Humanos"? ¡Si el Gobierno no ha estado nunca contra los Derechos Humanos, jamás! Todo lo contrario. He dado todas las facilidades para que visitaran el lugar donde estaban los detenidos. "Vayan". Quiso ir la Cruz Roja y fue. Cuando vinieron los frailes y los sacerdotes también fueron. Entonces, ¿qué "Derechos Humanos" se han atropellado durante mi gobierno? ¡Ninguno! Ahora, si hubo faltas contra los Derechos Humanos fue porque hubo una exacerbación de parte de los otros caballeros; exacerbaron a nuestra gente con sus crímenes. Ya les conté cuando violaron a una pobre señora delante de sus hijos. ¿Esos son Derechos Humanos? Y cuando pasaban hambre. El año 72 yo celebraba mi cumpleaños y no tenía aceite para aliñar las ensaladas y era el jefe del Estado Mayor General del Ejército. Tampoco ascendí como soldado a ser presidente de la República. Yo tengo una carrera limpia, desde cadete en la Escuela Militar hasta llegar a general de División, hoy mayor general... Yo llegué a la presidencia como comandante en jefe. No venía de la calle. Y los Derechos Humanos los he respetado siempre.

»El año 71 yo era comandante general de la Guarnición de Santiago. Un día, sorprendieron a trece fulanos en Melipilla, con armas. ¿Creen que el armamento era para cazar patos? ¿O para disparar y matar pájaros? ¡Para matar gente! Ahora —continúa sin pausas y sin mediar preguntas— los degollados. ¡Si yo sé que hubo una situación desagradable, como la de los degollados! Pero también puede ser del otro lado, porque muchas veces matan para culpar al otro, así que no creo yo que hayan sido los nuestros. No. No meto las manos al fuego, porque no se pueden meter las manos al fuego en estas cosas, pero a veces pienso que pueden haber sido del otro lado. Porque algo tan burdo. Para que sepan: como profesor de Inteligencia: una operación de esa naturaleza se mide hasta el milímetro en una guerra. De principio a fin y no se actúa en esa forma tan simple.

—Esos crímenes continúan impunes.

—...Quedaron impunes porque no se encontró nada. Puede que la operación haya estado muy bien hecha por el lado marxista. Ustedes dicen que nosotros teníamos la DINA, la CNI y yo les digo: ¿Y los otros, no hacían nada? ¿Eran tan inocentes como blancas palomas, de Primera Comunión?

—Usted considera que fue necesario oponer violencia a la violencia.

—Para mí, sí. Cuando se actúa con violencia, yo no puedo contestar con bondad. Yo no soy santón, ni mahometano... Si a mí me pegan un bofetón, pego dos. Ahora, si no puedo pegar, tomo un palo y arremeto.

LA HORA DEL RETIRO

—*General, quedamos en que usted sigue de comandante en jefe, sea quien sea el próximo presidente, por un tiempo indeterminado, hasta ocho años, como lo permite la Constitución.*

—Exactamente. Y yo apreciaré cuando sea oportuno irse. Yo lo voy a decidir. Solo. Yo, solo y sin consejo de nadie.

»Cuando cumplí cuarenta años de servicio llegué a general de División. Pensé que pasaría a retiro. ¿Qué haré? Ir con mi mujer al extranjero y a la vuelta termino mi trabajo de historia militar, sobre la Guerra del Pacífico. Después termino el trabajo sobre las campañas de la Confederación Perú-Boliviana, que he iniciado. Ese es mi plan. Es lo que tengo planificado; en la mañana salir a trotar o a caminar; a las nueve, después del baño, ir a la Biblioteca Nacional a investigar. Pensaba llevar una vida tranquila y burguesa. ¡Y vino el Once de Septiembre, no porque estuviéramos deseosos de ocupar La Moneda! Y aquí estamos... He tenido todo lo que podía desear en la vida. Una familia linda. Una mujer a la que quiero y unos hijos cariñosos. Diecisiete nietos. ¿Condecoraciones? Un montón. Como que las acabo de entregar a la Escuela Militar: más de cincuenta millones de pesos en oro. Soy desprendido con mis cosas materiales, Mi biblioteca: treinta mil volúmenes. Le regalé una parte a la Academia de Guerra. Me voy a quedar con los libros de Historia de Chile y nada más.

—*Y ahora, ¿qué vida imagina para usted en cuatro años más si pasara a retiro?*

—La misma que había imaginado antes.

—*Durante estos años usted ha permanecido prácticamente cautivo en Chile; ha podido viajar muy poco. ¿Adónde le gustaría ir? Póngase a soñar un rato.*

—A Jerusalén; me gustaría conocer la tierra de Cristo; a Madrid, a conocer sus museos, al Vaticano, a ver, a ver...

—*¿No le gustaría pasar una noche en París? ¿Pasear en góndola por Venecia?*

—A París me gustaría ir de nuevo. Lo otro ya lo hice hace cuarenta años... No lo deseo ahora. Me iría los museos a ver las obras de arte, conocer los trabajos de Miguel Ángel. Iría a ver obras de arte, pero no estoy en edad ya para ir a gozar como lo habría hecho antes.

—*¿Y se logra imaginar en el Senado?*

—Depende. No crea que sea posible en un Senado donde tenga contendores que me puedan lanzar un exabrupto. En la Cámara Alta las personas son reposadas; no creo en el Senado violento.

—*A usted le gustaría un Senado muy pacífico...*

—Un Senado, como lo entiendo, es un grupo de hombres serenos, con gente respetuosa y tranquila.

—*Pero yo quiero que se ponga en un Senado posible: con Ricardo Lagos, Andrés Zaldívar, Guastavino. Antes le pedí que soñara; ahora póngase en la realidad.*

—¿Adónde llegó el Mago de Oz? —ironiza—. Hágame soñar, no más. Me gustaría un Senado tranquilo, pero, por otro lado, ¡también estoy dispuesto a ir! Siempre las cosas son del momento. Ustedes están planteando situaciones hipotéticas y la pregunta si voy a ir al Senado, eso depende de las circunstancias.

—*¿Está dispuesto a ir a un Senado donde le puedan faltar el respeto, donde usted no podrá tirar los galones y en donde no habrá un Edecán detrás suyo?*

—Mire, desde que era Brigadier ¡nunca he tirado los galones! Yo voy a cualquier Senado, dependiendo de las circunstancias.

¿EL HOMBRE DEL 94?

—*Aylwin quiere que usted renuncie a la Comandancia en Jefe y Büchi, que es su candidato, dice que prefiere que usted no sea comandante en jefe.*

—El Gobierno no tiene candidato.

—*Büchi dijo que si él estuviese en su caso se retiraría, y luego advirtió que ojalá se dieran en el país las circunstancias como para que usted dejara de ser comandante en jefe.*

—Fíjese que yo, con todo lo dictador que dicen que soy, no le puedo pedir la renuncia ni a Merino, ni a Matthei, ni a Stange, por cuanto la Constitución me lo prohíbe. ¡Y estos caballeros, que aún no llegan, me quieren pedir la renuncia a mí!... Es bien relativa la situación... ¡Cuidado con las echadas para afuera! ¡Cuidado!

—*Todos los candidatos a la presidencia coinciden en que el ideal sería que usted pasara a retiro.*

—¡Sería el ideal para ellos! —Se enoja y sube la voz como lo haría un general arengando a sus tropas—. ¡No piensan que si no me quiero ir, no me voy! —Entonces baja el tono y reitera—: Depende de las circunstancias.

—*Pero Büchi espera que las circunstancias permitan que usted se retire...*

—Serán las circunstancias las que me decidan ¡a mí! qué debo hacer.

—*Supongamos que Aylwin gana las elecciones y que su gobierno le parece a usted poco exitoso. En ese caso, ¿piensa ser el hombre de 1994?*

—No pienso nada. No soy Casandra. Nunca pienso en las cosas que me van a venir ni las imagino.

—*El general Carlos Ibáñez gobernó como dictador durante su primer período; pasaron los años, fue Senador y reivindicó, desde el punto de vista democrático. ¿Cree que a usted puede pasarle algo semejante?*

—No sé, pues no lo imagino.

—*Hace un tiempo usted recordó el caso del general Cincinato, que salvó y gobernó Roma, y luego volvió a su arado. Después nuevamente fueron a buscarlo para que volviera a gobernar Roma. ¿Estaba pensando en usted cuando dijo eso?*

—No; lo saqué a la luz como un hecho histórico, y muchos de estos señores fueron al diccionario para conocer el personaje; por lo menos les di trabajo.

—*¿Usted no cree que podría ser el Cincinato chileno?*

—No. No veo la posibilidad de ser Cincinato. Ya pasó la edad de actuar. ¿Va a haber un Cincinato de setenta y nueve u ochenta años?

—*Usted no se irá a arar al campo. Se dedicará a investigar Historia, a ver obras de arte en Europa, irá tal vez al Senado... Si a su juicio el país estuviese mal, si la inflación se desatara, si el comunismo se desarrollara y un sector importante de chilenos clamara por usted, ¿dejaría su arado —o sea, sus libros y sus obras de arte— para volver a gobernar?*

—Si el país clamara por mí, entonces yo le diría: "Como faltan dos años, o un año, esperen cuando llegue el momento, porque las elecciones son en 1994".

—Y ahí tendríamos al Cincinato chileno...

—Pero en forma normal, por elecciones. No me vayan a hacer aparecer dando un golpe de Estado, porque eso no es mi papel.

—Ibáñez, que de dictador se transformó en demócrata.

—Yo no diría eso. De dictador se transformó en... una buena persona. Y no sé si fue dictador en su primer período.

—¿Usted no quiere hacer ese proceso?

—¿Y ustedes me ven en ese proceso? Siempre he sido buena persona, saludo a las damas, les hago cariño a los niños, trato de ayudar a los pobres porque he sido formado con sentido humano.

—General, ¿cómo se ve pasando a la Historia?

—Ay, Dios mío... Eso me recuerda a un profesor que teníamos en el colegio. Nos hacía ponernos nota a nosotros mismos. ¡Un siete, pues! Un siete..., pero —ríe como nunca lo hizo antes en estas largas sesiones de entrevistas a puertas cerradas y se tapa la cara con las manos y se estremece con la carcajada— no olviden lo que dije: Soy un soldado, y a los soldados no nos gusta "chopearnos". Yo hice todo lo que pude, le di paz a este país, evité una guerra, construí casas y carreteras. Sé que muchos me seguirán juzgando mal, pero yo tengo la íntima convicción de haber cumplido con mi deber. Que me van a molestar, sí lo sé ¡me van a molestar! Pero tengo la conciencia en paz. Estoy dispuesto a enfrentarlo todo. Estoicamente. Porque los soldados somos distintos, somos gente de pocas palabras. Los civiles nunca nos han entendido. Pero ahora será la Historia la que tendrá que juzgarme.

Miró el reloj. Se puso bruscamente de pie. Tomó nuestros abrigos y dijo una vez más: "Déjenme ayudarlas, porque la mujer que no acepta que le pongan el abrigo, no tiene abrigo ni tiene amigo". Sacó dos claveles de un florero, nos entregó uno a cada una, y partió por los pasillos de La Moneda, recto el cuerpo, levantada la cabeza, el paso ligero. No parecía un hombre terminado. ¿Irá en busca de su arado como Cincinato o estará partiendo hacia la Historia?

"General, ¿cómo se ve pasando a la Historia?",
fue la última pregunta al general.

EPÍLOGO

1989

Ego Sum Pinochet se publicó en diciembre de 1989. A los pocos días, el 14 de diciembre, Patricio Aylwin, candidato de la Concertación de Partidos por la Democracia, ganó la primera elección presidencial que se efectuaba en veinte años.

Fue después de esa derrota, que el general Pinochet dejó La Moneda para trasladarse a sus nuevas oficinas en el edificio del frente. Sus años de dictador habían terminado, pero él seguiría siendo el comandante en jefe del Ejército mientras el país iniciaba la tarea de recuperar la democracia.

1990

Patricio Aylwin asumió la Presidencia de la República el 11 de marzo, recibiendo la banda presidencial en el Congreso de Valparaíso.

El 10 de abril el nuevo Congreso, encabezado por Gabriel Valdés y José Antonio Viera Gallo, ofreció un almuerzo de homenaje a las Fuerzas Armadas, al cual invitaron a sus máximas autoridades incluido el general Pinochet.

El 25 de abril, en uno de los actos más relevantes de su gobierno, el presidente Patricio Aylwin creó la Comisión Nacional de Verdad y Reconciliación (Comisión Rettig) destinada a esclarecer los casos de violaciones a los derechos humanos cometidos durante el régimen presidido por el general Pinochet.

El 6 de septiembre estalló el escándalo de lo "pinocheques", y el 18 de octubre la Cámara de Diputados, con la abstención de la UDI y Renovación Nacional, formó una comisión para investigar el pago de tres cheques por

$ 971.940.001 pesos (alrededor de tres millones de dólares de ese tiempo) que el Ejército hiciera al hijo mayor del general Pinochet, Augusto Pinochet Hiriart.

El 19 de diciembre el general Pinochet organizó el llamado "ejercicio de enlace". Soldados en tenida de combate se apostaron frente al edificio de las Fuerzas Armadas para presionar al gobierno y frenar la investigación de los "pinocheques".

1993

El 24 de abril el presidente del Consejo de Defensa del Estado Guillermo Piedrabuena, llevó a la justicia el expediente del "caso Pinocheques".

El 28 de mayo, molesto por el cuestionamiento que se estaba haciendo a estos cheques para su hijo, el general Pinochet movilizó un pelotón de soldados en uniforme de combate, metralletas en la mano, boina en la cabeza, una velada amenaza que pasaría a la historia con el nombre de "el boinazo".

El 12 de noviembre el ministro de la Corte Suprema Adolfo Bañados, condenó al general Manuel Contreras Sepúlveda (el Mamo) y al brigadier Pedro Espinoza, jefe y subjefe de la DINA, a seis y siete años de prisión, respectivamente, por el asesinato de Orlando Letelier y Ronnie Moffit en Washington DC en 1976. (Más de veinte años después la CIA desclasificaría la carta que le envió el secretario George Schultz al presidente Ronald Regan (1987) en la cual le informó que existían pruebas fehacientes de que el asesinato fue ordenado personalmente por el general Pinochet y así mismo existían pruebas de que Pinochet había considerado eliminar a su jefe de Inteligencia, el general Contreras).

1995

El presidente Eduardo Frei Ruiz-Tagle solicitó al Consejo de Defensa del Estado que se desistiera de la querella por fraude al fisco en el "caso Pinocheques". Su argumento era que ese caso estaba poniendo en riesgo el Estado de derecho. Pocos días después el Consejo acogió la petición.

1996

El 31 de diciembre la Corporación Nacional de Reparación y Reconciliación (creada 4 años antes para investigar los casos que la Comisión Rettig no pudo investigar por falta de antecedentes) entregó el informe donde identifica a otras 3.195 personas muertas en el contexto de atropellos a los derechos humanos y violencia política durante el régimen militar

1998

El 20 de enero la Corte de Apelaciones acogió a tramitación la primera querella criminal contra el general Pinochet.

Dos meses después, el 11 de marzo, el general Pinochet ingresó al congreso como senador vitalicio. De allí en adelante sería el senador Pinochet.

Y siete meses más tarde, el 16 de octubre, agentes de Scotland Yard detuvieron al senador Pinochet en Londres. Entraron de noche a The Clinic, la clínica donde el senador se estaba operando la espalda, con una orden del juez español Baltasar Garzón, que pedía su extradición a España para procesarlo por el asesinato de ciudadanos españoles durante su gobierno.

El gobierno de Chile rechazó la medida.

Entonces se inició la detención y proceso de Pinochet en Londres, 503 días que se prolongaron hasta marzo de 2000 cuando el ministro inglés, Jack Straw, autorizó la extradición del dictador chileno.

2000

El senador Pinochet aterrizó en Santiago, el 3 de marzo, sorprendiendo a todo el mundo pues se suponía que venía casi moribundo y sin embargo, se vio a un Pinochet caminando hacia quienes lo esperaban en la losa del aeropuerto, sonriendo, más cerca de la vida que de la muerte.

El 23 de mayo La corte de Apelaciones desaforó al senador Pinochet por el caso "Caravana de la muerte".

El 8 de agosto la Corte Suprema confirmó este desafuero y estableció sospechas de que Pinochet era autor, cómplice y encubridor del caso.

El 2 de noviembre Pinochet fue sometido a una serie exámenes médicos para determinar si estaba en condiciones mentales de asistir a un juicio en su contra.

El 1 de diciembre, luego de un extenso interrogatorio, el juez Juan Guzmán determinó que el senador Pinochet no tenía ningún problema mental que le impidiese ser enjuiciado en calidad de coautor de los delitos de secuestro calificado en el caso "Caravana de la muerte".

2001

El 29 de enero el juez Guzmán sometió a proceso al senador Pinochet como autor de 57 homicidios y 18 secuestros en el caso "Caravana de la muerte". Pinochet quedó bajo arresto domiciliario. Un mes después se le concedió la libertad bajo fianza.

Cuatro meses más tarde, el 9 de julio, la Sexta Sala de la Corte de Apelaciones sobreseyó al senador Pinochet por razones de incapacidad mental. No estaba en condiciones mentales para enfrentar un juicio, dijeron.

2002

El 1 de julio la Corte Suprema sobreseyó definitivamente al senador Pinochet por "demencia".

Ese mismo día Pinochet renunció a su cargo de senador vitalicio comenzando su retiro de la vida política.

2004

El 16 de julio, desde Estados Unidos se informó que una investigación, hecha por el senado norteamericano, reveló que durante su gobierno el general Pinochet mantuvo cuentas por 8 millones de dólares en el banco Riggs, de Washington DC.

El 5 de noviembre el Consejo de Defensa del Estado declaró que el monto de dinero que había en esas cuentas ascendía a la suma de 16 millones de dólares.

El 2 de diciembre el general Pinochet fue nuevamente desaforado, esta vez por su presunta responsabilidad como encubridor en el asesinato del general Carlos Prats (excomandante en jefe del Ejército) y su esposa Sofía Cuthbert en Buenos Aires (1974).

2005

El 24 de marzo, la Corte Suprema aplicó el principio de "cosa Juzgada" con respecto al asesinato del general Prats y su esposa, y el general Pinochet fue absuelto de toda responsabilidad.

El 7 de junio la Corte de Apelaciones de Santiago desaforó a Pinochet por fraude tributario, falsificaciones de bienes, falsificación y utilización de pasaporte falso y elusión de medidas

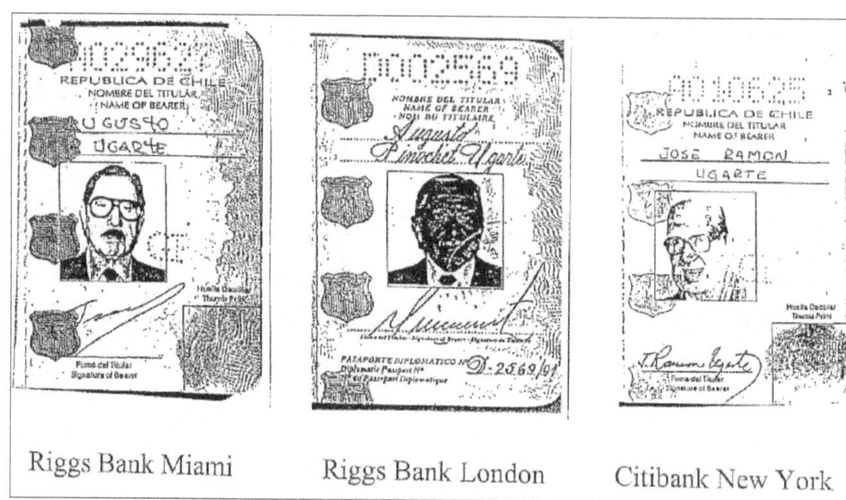

Riggs Bank Miami   Riggs Bank London   Citibank New York

El 7 de junio de 2005 la Corte de Apelaciones de Santiago desaforó a Pinochet por fraude tributario, falsificaciones de bienes, falsificación y utilización de pasaporte falso.

cautelares en contra de sus bienes. Su esposa Lucía Hiriart y su hijo Marco Antonio fueron procesados en este mismo caso.

El 6 de julio Pinochet fue desaforado una vez más, ahora por la "Operación Colombo", montaje organizado por la DINA para hacer aparecer a 119 detenidos desaparecidos como asesinados en el exterior.

2006

El 2 de diciembre el general Pinochet ingresó al hospital Militar en Santiago.

Sus horas estaban contadas.

Tendido en esa cama blanca tal vez repasó lo que había sido su vida, la forma como fue cumpliendo su sueño de ser militar, el poder incontrarrestable que adquirió luego del bombardeo a La Moneda el 11 de septiembre de 1973, lo que hizo con ese poder. Tal vez pensó lo mismo que nos decía a nosotras al final de nuestras entrevistas en La Moneda, "yo hice todo lo que pude, le di paz a este país, evité una guerra, construí casas y carreteras". A lo mejor pensó en aquello que nunca quiso reconocer durante las entrevistas, su irrefutable responsabilidad en los crímenes y todas suerte de atropellos a los derechos humanos cometidos durante su dictadura. O tal vez se dejó llevar por lo que fuera, "será la historia la que tendrá que juzgarme", se habrá dicho antes de cerrar los ojos.

Murió el 10 de diciembre de 2006.
Tenía noventa y un años.